Caroline Milhaud

L'Ouvrière en France

Sa condition présente. — Les réformes nécessaires.

Paris, FÉLIX ALCAN, éditeur, 1907.

L'OUVRIÈRE EN FRANCE

L'OUVRIÈRE
EN FRANCE

SA CONDITION PRÉSENTE. — LES RÉFORMES NÉCESSAIRES

PAR

CAROLINE MILHAUD

PARIS
FÉLIX ALCAN, ÉDITEUR
LIBRAIRIES FÉLIX ALCAN ET GUILLAUMIN RÉUNIES
108, BOULEVARD SAINT-GERMAIN, 108
—
1907

L'OUVRIÈRE EN FRANCE

INTRODUCTION

La féminisation de l'Industrie.

Extension de la main-d'œuvre féminine dans l'industrie. — Importance numérique du travail féminin en 1901. — Sa répartition géographique.

La féminisation de l'industrie, c'est-à-dire l'extension de plus en plus grande de la main-d'œuvre féminine dans l'industrie, est un phénomène d'une telle importance au point de vue individuel et social, qu'on ne saurait trop le souligner ni insister sur les conséquences qui en découlent.

Sans doute, de tous temps des femmes ont eu la charge de certaines besognes industrielles; il est incontestable, par exemple, qu'il y a eu en France, même au moyen âge, des « ouvrières », des professionnelles, telles que lingères, dentellières, et tisserandes (1). Mais un fait certain, c'est qu'autrefois, sous l'ancien régime économique, avant l'apparition du machinisme, la plupart des tâches qui aujourd'hui sont industrialisées, faisaient partie des fonctions domestiques.

Il entrait dans les attributions de la femme de filer

(1) Levasseur, *Histoire des classes ouvrières en France avant 1789.*

le lin, la laine, de pétrir le pain, de brasser la bière, de conserver les salaisons. Ces travaux n'avaient pas le caractère industriel. L'industrie était presque exclusivement le domaine de l'homme, qui devait ou faire preuve de capacités professionnelles lentement acquises, ou qui, par le maniement des métiers à bras, devait déployer une force physique supérieure.

L'introduction des mécaniques en France, au commencement du XIXe siècle, allait bouleverser cet état de choses.

D'une part les machines qui n'exigent plus ni grande compétence technique, ni grande force corporelle, peuvent s'accommoder de la main-d'œuvre féminine qui est d'autant plus recherchée que la femme est plus souple, plus malléable que l'homme, et que surtout ses exigences sont moindres. Ainsi s'explique, en premier lieu, la féminisation de l'industrie.

Le développement du féminisme, dans la dernière partie du XIXe siècle, fait comprendre à son tour la pénétration croissante de la femme dans l'industrie.

En effet, la femme de la bourgeoisie quittant le foyer pour le magasin, le bureau, la chaire du professeur, la robe de l'avocat ou du médecin, abandonna, de ce fait, la plupart de ses occupations domestiques d'autrefois, laissant désormais cette tâche aux professionnelles.

Le mouvement qui s'accuse en France dès la première moitié du XIXe siècle, ne manqua pas de frapper les économistes de l'époque. Villermé le signale. D'après l'enquête particulière à laquelle il s'est livré, en 1838-1839, sur la condition des ouvriers des manufactures, en France, *État physique et moral de la classe ouvrière*, il résulte que dans l'industrie cotonnière, le Haut-Rhin, en 1834, fait travailler 91.000 ouvriers et ouvrières; à Lille les deux sexes groupent 224.300 travailleurs; le Nord, le Pas-de-Calais et l'Aisne occupent près de 50.000 tullistes parmi lesquels « la proportion de femmes et d'enfants est des 2/3 ».

L'industrie lainière de la Marne donne du travail à 50.000 ouvriers et ouvrières; Sedan à 12.000; Amiens à 40.000; « la laine peignée de Rethel emploie beaucoup de femmes ».

Dans l'industrie de la soie, Lyon fournit du travail à 8.000 chefs d'ateliers qui dirigent 30.000 compagnons et compagnonnes; 38.000 personnes des deux sexes travaillent au tissage. D'autre part, dans les départements de la Drôme, du Vaucluse, du Gard, de l'Hérault beaucoup de femmes sont employées dans le tissage et au moulinage. Aussi peut-on dire « que dans la classe entière des ouvrièrs en soierie, il y a plus de femmes que d'hommes ».

Le baron Dupin, lors d'un discours prononcé à la Chambre des Pairs en 1847, disait que en 1835, le nombre de femmes employées dans les quatre genres de manufactures textiles travaillant le coton, la laine, la soie et le lin, s'élevait, en 1835, à 196.383, et en 1839, à 242.295 soit en 4 ans, une augmentation de 23,3 p. 100 dans l'effectif des ouvrières de la grande industrie (1).

Il établissait également que la proportion des femmes pour 100 hommes était la suivante :

Dans les filatures	de coton :	56 1/4 p. 100
—	— laine :	69 1/2 p. 100
—	— soie :	70 1/2 p. 100

(1) *Bulletin de l'Inspection du Travail*, nos 1 et 2, 1900, p. 57. « Extrait d'un rapport fait par M. le baron Dupin sur e projet de loi relatif au travail des enfants,... 29 juin 1847 »

Les économistes ou les moralistes contemporains de toutes les écoles confirment le même fait : la féminisation de l'industrie.

Quelle est, maintenant, d'une façon très précise : 1° l'importance numérique du travail féminin; 2° comment se distribue-t-il au point de vue géographique dans les différentes parties de la France? Ce sont là des questions auxquelles, dès le début de ce travail, nous voulons répondre.

1° Sur les 38.730.000 (1) habitants de la France, la statistique compte une population active de 19.715.075 personnes, dont 12,910.565 hommes et 6.804.510 femmes.

La population active dans l'agriculture est de 8.176.569 personnes, dont 5.517.617 hommes, et 2.658.952 femmes.

La population active dans le commerce est de 1.822.620 personnes, dont 1.132.621 hommes et 689.999 femmes.

La population active dans les professions domestiques est de 1.015.037 personnes, dont 223.861 hommes et 791.176 femmes.

La population active dans les professions libérales est de 399.839 personnes, dont 226.561 hommes et 173.278 femmes.

Pour ces quatre branches, la proportion des femmes par rapport aux hommes est la suivante :

1° Pour l'agriculture de 28 p. 100;

2° Pour le commerce de 35 p. 100;

3° Pour les professions domestiques de 77 p. 100;

4° Pour les professions libérales de 33 p. 100;

Reste l'industrie. Dans l'industrie proprement

(1) *D'après le recensement de la population de 1901. Résultats statistiques du recensement général de la population effectué le 24 mars 1901 (1906).*

dite (industries de transformation) sur une population totale de 5.819.855 personnes, les hommes sont au nombre de 3.695.213 et les femmes de 2.124.642.

Mais dans cette population industrielle, c'est la fraction salariée ou ouvrière qui nous intéresse le plus : elle comprend : 2.350.819 hommes et 927.705 femmes.

A cette population ouvrière des usines et ateliers, il faut ajouter encore la population ouvrière travaillant isolément à domicile.

On l'évalue, d'une façon approximative (1), à 679.568 hommes et 906.512 femmes : Soit, au total, pour la population ouvrière masculine : 3.030.387, et pour la population ouvrière féminine 1.834.217.

La population ouvrière féminine *serait donc égale à un peu plus de la moitié* de la population ouvrière masculine, d'après le dernier recensement de la population (1901).

Depuis 1896, la population ouvrière totale s'est sensiblement élevée, et, en particulier, la population féminine, comme l'indique le tableau ci-dessous

Population Industrielle en 1896 et 1901.

	POPULATION ACTIVE TOTALE		
	ENSEMBLE	Hommes.	Femmes.
1896.	5.378.369	3.488.077	1.888.947
1901.	5.819.855	3.695.213	2.124.642

	OUVRIERS ET OUVRIÈRES DES ÉTABLISSEMENTS		TRAVAILLEURS ISOLÉS.	
	Hommes	Femmes	Hommes	Femmes.
1896.	2.110.951	824.630	723.832	782.021
1901.	2.350.819	927.705	679.508	906.512

Parmi les diverses branches d'industrie qui occu-

(1) *Recensement de la population de 1901*, t. IV, p. 500.

pent des femmes dans les établissements industriels, il faut classer au 1er rang le travail des étoffes. C'est dans ce groupe d'industrie, en effet, que l'on trouve les couturières, blanchisseuses, modistes, lingères etc... Il occupe *presque 5 fois plus de femmes que d'hommes.*

			Hommes.	Femmes.
La confection de vêtements occupe			35.885	202.090
La lingerie	—	—	4.133	67.246
Le blanchissage	—	—	9.487	57.855
		Soit au total :	78.130 et	380.779

Le 2e rang, parmi les industries qui emploient le plus de femmes, est tenu par *les textiles.* Ici le nombre de femmes est *un peu supérieur au nombre d'hommes.*

Dans ce groupement est comprise entre autres, l'industrie de la soie, du coton, de la laine, des dentelles et broderies.

			Ouvriers.	Ouvrières.
L'industrie	cotonnière	occupe	66.753	79.854
—	lainière	—	86.723	61.465
—	de la soie	—	19.670	68.003
—	du lin et chanvre	—	19.435	18.348
—	des toiles	—	30.068	19.653
Les dentelles et guipures, etc.				
		Soit, en tout :	305.967	330.977

L'industrie du vêtement, et celle du textile, constituent à elles deux les contingents les plus forts de l'effectif féminin industriel : 1° **380.779** et 2° **330.797** ouvrières, soit **711.576** ouvrières *sur* **906.512**, chiffre total.

L'industrie des pailles, plumes, crins fait travailler presqu'autant de femmes que d'hommes.

Le nombre des ouvriers est de 8.991.

Le nombre des ouvrières est de 8.373.

L'industrie du papier qui comprend le travail des

cartonnages et des sacs en papiers occupant beaucoup de femmes, donne du travail aux femmes en quantité un peu moindre seulement qu'aux hommes.

	Ouvriers.	Ouvrières.
Les cartonnages occupent.	3.681	7.017
Les sacs en papier, occupent . . .	726	1.436
Divers.		
En tout :	38.011	27.183

Les autres effectifs féminins importants sont : dans *l'industrie de l'alimentation* (travail des conserves, chocolaterie, etc.) qui groupe 35.082 femmes;

Les cuirs et peaux (travail de la chaussure, ganterie) qui groupe 29.871 femmes;

Les métaux ordinaires (horlogerie...) qui groupe 29.430 femmes ;

L'industrie du bois (boutons, objets en écaille, celluloïd) 25.100;

La polygraphie (typographie, 5.257 femmes ; l'imprimerie, 6.887), soit en tout 18.844. femmes;

La céramique (faïence, porcelaine) qui groupe 15.852 femmes;

Les industries chimiques (allumettes, cartouches, etc.) 12.382 femmes (voir tableau, p. 8).

Les industries de moindre importance pour la femme sont celles des *métaux fins*, 7.156 femmes; de la *taille des pierres*, 1.294; de la *taille des pierres précieuses*, 902; les *terrassements et constructions*, 848; la *métallurgie*, 794, (voir tableau, p. 8).

2° Au point de vue de sa distribution géographique, le travail des principales industries féminines se répartit comme suit :

Dans les Flandres, les Vosges, la Normandie, se concentrent les industries mixtes du textile (c'est-à-dire celles qui occupent des hommes et des femmes) le travail du coton, de la laine, du lin, du chanvre.

Dans les départements du Rhône, de la Loire, du Gard, de l'Isère, de l'Ardèche, de la Drôme, de la Savoie, du Vaucluse, sont répandues les filatures et tissages de la soie.

Les industries essentiellement féminines, la grande mode, la grande couture, les fleurs, les plumes,

INDUSTRIES	ENSEMBLE Population active	OUVRIERS	OUVRIÈRES
Travail des étoffes . . .	1.483.515	78.130	380.779
Textile.	891.627	305.967	330.797
Alimentation	464.053	243.352	35.082
Cuirs et peaux	337.940	126.192	29.871
Métaux ordinaires. . . .	707.607	465.953	29.430
Caoutchouc, papier. . .	70.451	38.011	27.183
Industrie du bois. . . .	708.963	332.177	25.100
Polygraphie.	98.958	65.365	18.844
Céramique, verrerie. . .	160.964	128.699	15.852
Industries chimiques. .	109.796	89.519	12.382
Pailles, plumes, crins. .	39.105	8.991	8.373
Métaux fins.	29.433	15.260	7.156
Industries mal désignées	8.735	1.072	3.018
Taille des pierres. . . .	56.025	28.094	1.294
Taille des pierres préc^{es} .	4.921	1.430	902
Terrassement.	572.170	348.216	848
Métallurgie	75.587	74.391	794

élisent de préférence domicile dans le département de la Seine et tout particulièrement à Paris, renommé dans le monde pour l'élégance de ses modes (1).

Les Vosges et la Meurthe-et-Moselle sont toujours la terre classique de la broderie.

Dans le Calvados, la Corrèze, la Loire, la Haute-Loire, le Nord, l'Orne, le Puy-de-Dôme, la Haute-

(1) *Recensement professsionnel*, 1901, t. I, p. 320.

Saône, les Vosges, l'industrie dentellière reprend son activité d'antan (1).

Enfin, dans le Nord, la Seine-Inférieure, le Cher, l'Indre, l'Indre-et-Loir, le Loir-et-Cher, le Loiret, la Loire-Inférieure, se forment de nouveaux centres pour le travail de la lingerie à domicile (2).

D'après certaines statistiques on a calculé que la main-d'œuvre féminine est presque égale à la main-d'œuvre masculine dans les départements suivants :

L'Isère	45,5	p. 100 (3)
Le Maine-et-Loire	44,3	—
L'Hérault	42,6	—
La Haute-Loire	42,3	—
La Mayenne	41,1	—
Le Gers	40,4	—
Le Finistère	39,5	—

La main-d'œuvre féminine l'emporte même sur la main-d'œuvre masculine dans les départements suivants :

L'Ardèche	63,6	p. 100.
Le Tarn-et-Garonne	60,7	—
La Drôme	58,4	—
Le Gard	56,6	—
Les Vosges	52	—

Si les conditions du travail féminin sont mauvaises, on peut entrevoir dès maintenant le danger social qui nous menace.

(1) *Rapport Dupuy sur l'Apprentissage de la dentelle*, 1903.

(2) Aftalion. *Le développement de la fabrique et le travail à domicile*, p. 98.

(3) *Rapports sur l'application des lois réglementant le travail en 1903* (1904), p. XIV et XV.

PREMIÈRE PARTIE

L'OUVRIÈRE AU TRAVAIL

CHAPITRE PREMIER

La durée de la journée de travail.

Durée excessive de la journée de travail en 1850. La longue journée est aujourd'hui encore la règle. Exemples dans la petite industrie en atelier, dans l'industrie à domicile.

Parmi les facteurs qui constituent les « conditions de travail » de l'ouvrière, l'un des plus importants, c'est *la durée quotidienne du labeur*. En effet, le surmenage épuisant qui est redoutable pour tous, l'est davantage encore pour la femme, moins résistante que l'homme.

Or, nous ne pouvons guère nous faire d'illusions, ce surmenage, bien qu'atténué depuis quelques années, subsiste encore dans un très grand nombre de professions.

Certes, on ne doit pas nier certains progrès qui apparaissent nettement lorsqu'on compare la situation de l'ouvrière en 1850, à l'heure où le régime de la grande industrie avait fait le plus de ravages, à celle de l'ouvrière en 1900. Chacun a présent à la mémoire le triste tableau que faisait en ce temps Villermé, de l'ouvrière d'usine; de ces miséreuses exténuées par un labeur excessif « qui sont pâles, maigres, qui marchent pieds-nus au milieu de la boue et qui, faute de parapluie, portent, renversé sur la tête, lorsqu'il pleut, leur tablier ou leur jupon de dessous pour se préserver la figure et le cou » (1).

Et ce sont les mêmes images douloureuses qu'évoque à son tour un obscur publiciste de l'époque le citoyen Gilland. (2) « A cinq heures du matin, faible, harrassée, à moitié phtisique, l'ouvrière de la fabrique saute de son grabat pour se rendre à la manufacture où il faut travailler quinze heures pour gagner douze sous. Elle a peur d'être en retard, que la porte de la manufacture ne soit fermée, et toute toussante, haletante, elle prend sa course dans le dédale des rues où elle manque à chaque traverse de se faire écraser. Enfin, elle arrive, elle est au travail. Quelle triste mine elle a! Elle voudrait être propre, mais un diamant se ternirait dans l'atmosphère de poussière où il faut qu'elle vive ! La transpiration, la fumée, la vapeur, le suif, la graisse, tout l'atteint, tout l'empoisonne, tout la souille. C'est à six heures du matin que l'on entre dans cet enfer. On en sort à neuf heures, pour prendre le premier repas, et à deux heures après-midi pour prendre le second, tous en masse comme un troupeau dans une étable tout suant, tout puant, tout fumant. On mange où l'on peut, sur les marches de l'escalier. . . . .

. . . .

« Quand le soir, à 8 heures, la journée est finie et

(1) Villermé, *État physique et moral de la classe ouvrière*, t. I, p. 26.

(2) Journal *l'Atelier*, p. 457, 28 décembre 1849 : article intitulé : les *Jeunes Filles*, par le citoyen Gilland, ouvrier serrurier, représentant du peuple à l'Assemblée Nationale.

qu'elle revient à sa demeure où sa mère l'attend, point de lumière, parce que la chandelle coûte cher, point de feu, parce que la dernière brindille a été brûlée. »

Quel que soit l'âge des travailleurs, leur force ou leur sexe, à Mulhouse, le travail dure de 5 heures du matin à 8 heures ou 9 heures du soir; à Bischwiller, la journée est de 16 heures; Guebviller, avec ses 12 heures, est une exception rare. Dans l'industrie lainière, à Elbeuf, la journée est de 15 heures et à Sedan elle va au delà avec les heures supplémentaires (1)!

De 14 à 18 heures, telle est la durée ordinaire du travail dans le textile (2).

Au reste, la durée du labeur peut être illimitée. On se rappelle en effet qu'à cette époque, l'ouvrière se trouvait entièrement livrée, sans défense, aux exigences de l'employeur; aucune sanction n'était là pour empêcher l'industriel de prolonger indéfiniment la journée de travail, pour empêcher qu'il ne louât les bras trop frêles de l'enfance.

La Révolution de 89 avait aboli les corporations, elle avait instauré le régime de la liberté complète du travail.

Or, la réglementation souvent gênante, abusive, qui régissait l'ancien régime économique, avait du moins l'avantage de protéger le travailleur, de sauvegarder sa santé. Ainsi les réglements de métiers prohibaient généralement le travail de nuit, ils défendaient aux femmes d'entrer dans les métiers dangereux (3).

(1) Villermé, t. II, p. 83.
(2) Villermé, *op. cit.*, t. II, p. 85.
(3) Levasseur, *Histoire des classes ouvrières en France avant 1789*, t. I, p. 320.

Quand la Constituante, par la loi Chapelier, eut détruit le régime corporatif, elle supprima du même coup tous les règlements protecteurs sans leur en substituer de nouveaux.

Et cela même, fâcheuse coïncidence, dans le temps où le machinisme s'implante en France ; où la tentation est grande pour l'employeur d'abuser des forces du travailleur, parce que la machine elle-même l'y incite.

En effet, la machine en action brûle du combustible, use de la force motrice, et il ne faut pas la perdre de vue un instant pour lui présenter l'ouvrage.

La réglementation protectrice du travail, édictée par la IIIe République, allait améliorer les conditions de travail de la femme, et en particulier abaisser sa durée, sans établir cependant, dans le plus grand nombre de cas, la journée normale, sans excès.

Il est un petit nombre de métiers, disons-le tout de suite, pour lesquels la durée ordinaire du travail se rapproche infiniment de l'idéal socialiste des 3/8.

Les typographes, les allumettières, par exemple, sont parmi les heureuses, les privilégiées qui jouissent de la courte journée. Parmi les premières, on en cite qui fournissent une moyenne de 6 à 7 heures de travail effectif. Ici, « elles arrivent généralement à l'imprimerie vers 2 heures après-midi, et en sortent vers 10 heures, quelquefois 10 heures 1/2. Dans ce temps sont compris des repos d'une durée totale de 2 à 3 heures causés par l'absence de copie (1). »

Dans une autre maison, la situation est analogue.

(1) *Rapports*, 1893, p. 44.

Pour effectuer le travail, les ouvrières sont partagées en deux séries; l'une arrive vers 10 heures du matin pour partir à 6 heures du soir; l'autre à 2 ou 3 heures après midi, pour quitter vers 10 heures 1/2. Dans l'intervalle, par suite d'absence de copie, divers repos représentent 3 heures au moins. Chaque ouvrière, dans les exemples cités, ne fournit donc, en réalité, pas plus de 5 à 7 heures de travail effectif (1).

En général, dit-on, la journée moyenne de la typographie est de 10 heures (2).

Pour les allumettières, ouvrières des manufactures de l'État, la durée quotidienne du travail n'excédait pas 10 heures jusqu'à ces derniers temps. Depuis le 16 décembre 1905, *elle ne dépasse pas 9 heures*, ce qui mérite d'être retenu, vu la rareté du fait (3).

Remarquons, chemin faisant, que ces industries n'occupent qu'un personnel féminin très restreint.

Ici, en 1898, on évaluait à un millier seulement les ouvrières typographes travaillant dans les grands ateliers de Paris et de la banlieue (4). D'après des statistiques plus récentes, ce chiffre se serait quelque peu élevé, mais il ne dépasserait pas 2000 ouvrières, et pour toute la France il ne s'élèverait pas à 6000. Pour ce qui est des allumettières, elles ne constituent qu'un minime faisceau du travail féminin.

En 1905, le chiffre global de ces femmes tra-

(1) *Rapports des Inspecteurs de travail*, 1893, p. 44.

(2) *Œuvres et Institutions féminines*, p. 329 : Syndicat de femmes typographes.

(3) *Revue des Questions pratiques de législation ouvrière et d'économie sociale*, n° de juillet 1906.

(4) E. Rivière, *Le travail de la femme dans l'industrie typographique*, p. 33.

vaillant dans toutes les manufactures réunies, s'élevait à 2100, en chiffre rond (2185) (1).

Tandis que les professions où la *courte journée* est la règle, n'alimentent qu'accidentellement l'activité féminine, les professions à *longue journée* sont les plus communes, et celles qui acquièrent les plus forts contingents.

Les ouvrières du textile ne sont plus aujourd'hui, comme vers 1850, les plus malheureuses de toutes. Mais, il y a peu d'années encore, la durée du travail pouvait être pour elles de 14, 15, 16 heures, malgré un dispositif de la législation ouvrière qui prescrivait de la façon suivante la durée de la journée de travail dans les usines et ateliers :

Pour les enfants, jusqu'à 16 ans la durée était de	10 heures par jour.
Pour les enfants de 16 à 18 ans la durée était de	60 h. par semaine.
Pour les femmes, au-dessus de 18 ans la durée était de . . .	11 heures par jour.

La journée de l'homme, de l'adulte, restait fixée à 12 heures en vertu du décret-loi du 9-14 septembre 1848. Or, comme bien souvent le travail des diverses catégories d'ouvriers se commande, la tentation était forte pour l'industriel d'unifier la durée du travail pour adopter la plus longue journée. Bien plus, certain paragraphe de la loi de 1892 suivi à la lettre permettait, non seulement de ne pas réduire l'activité de l'usine, mais parfois même de l'augmenter.

En effet, ce paragraphe disait : « Les heures de travail seront coupées par un ou plusieurs repos, dont la durée totale ne pourra être inférieure à une

(1) *Revue des Questions pratiques de législation ouvrière et d'économie sociale, op. cit.*

heure et pendant lesquels le travail sera interdit. »

Par le *système des relais* (1) qui s'adaptait à ce passage de la loi on put faire marcher la machine pendant 14, 15, 16 heures et plus, sans que chaque ouvrier parut fournir un travail effectif dépassant les termes des règlements. Il suffisait de couper par plusieurs repos le travail continué par des équipes de roulement. L'ouvrière pouvait ne travailler que 11 heures. Elle était tenue à l'usine bien davantage. A Roubaix, à Tourcoing, l'usine s'ouvrait avant 4 heures du matin et le soir on prolongeait le travail jusqu'à 11 heures, souvent minuit, et même au delà. La journée était alors de 19 heures. Les temps d'arrêt étaient trop courts pour que la femme pût gagner son logis. Tout au plus pouvait-elle errer comme une vagabonde dans les rues de la ville. Puis, comme les travailleurs devaient prendre leur repas à des heures différentes, la vie de famille était entièrement désorganisée. Le mari, la femme, l'enfant travaillant dans le même local ne pouvaient même pas être rapprochés aux heures de repos.

Depuis l'application de la loi du 30 mars 1900 (2), qui a supprimé le système des relais, les abus que nous venons de signaler n'existent plus. En fait, la durée effective du travail est, paraît-il, de 10 h. 1/2 dans les tissages et de 11 heures dans les filatures (3).

(1) Rapports *op. cit.*, 1898-1900.
Un autre inconvénient du système des relais, c'était de rendre difficile le contrôle des agents chargés de faire appliquer les lois ouvrières.

(2) « En cas d'organisation du travail par postes ou équipes successives, le travail de chaque équipe sera continu, sauf l'interruption pour le repos. » Loi du 30 mars 1900, voir annexes p. p. 174 et 189.

(3) *Enquête sur l'état de l'industrie textile et la condition des ouvriers tisseurs* (8 avril 1906), t. II, p. 64.

Elle est également de 11 heures dans les moulinages, dévidages, tissages de soie du bassin du Rhône, si l'on ne tient pas compte des horloges « qui avancent le matin et retardent volontiers le soir (1) ». Grâce au couchage à l'usine qui est une habitude locale dans ces régions, vu les difficultés de recruter le personnel dans de petits villages perdus dans les montagnes, les ouvrières ont généralement l'après-midi du samedi pour se reposer. Elles quittent la fabrique vers 2, 3 ou 4 heures pour se rendre dans leur famille, où elles restent jusqu'au lundi matin. Cet avantage serait certainement appréciable, si pour d'autres raisons, dont on parlera ailleurs, les conditions de travail des ouvrières de la soie ne laissaient fort à désirer (2).

A Paris, dans les grands quartiers, les ouvrières les plus favorisées de la grande couture ont des journées ordinaires aussi longues que les ouvrières d'usines. On entre à 8 ou 9 heures le matin, selon les maisons, et l'on sort à 7 ou 8 heures le soir, après un repos d'une heure à midi, pour le déjeuner. Il est rare que le patron accorde un quart d'heure de repos pour le goûter. S'il l'accorde, bien souvent il le rachète moyennant un petit supplément de salaire, devant lequel les ouvrières ne savent pas résister.

Il faut tenir compte également des journées où l'on veille. A l'entrée de chaque saison, lorsque les commandes affluent, on veille. Et l'on veille encore pour satisfaire aux caprices des insouciantes qui exigent des tours de force pour avoir leur robe de bal, de concours hippique, de garden-party. « Quand il est décidé que l'atelier veillera, on accorde vers 7 heures du soir un quart d'heure pour goûter :

(1) Rapports, 1902, p. 422.
(2) Rapports. 1900 p. 509.

juste le temps de manger un peu de pain et de chocolat. Ce court repos est généralement payé à l'ouvrière; il est même compté double, si elle consent à ne pas quitter son travail. Bien peu savent résister à l'attrait de cette petite gratification. C'est dans ces conditions que la jeune fille ou la femme, à jeun depuis midi, devra attendre l'heure de son retour à la maison, souvent minuit, pour réparer ses forces épuisées par une pareille journée de labeur (1). »

Quand le travail se prolonge jusqu'à minuit et 1 heure du matin, on juge de ce que peut être le régime hygiénique de l'ouvrière. La journée est alors de 16 ou 18 heures.

En France, comme en Angleterre, on a même vu, paraît-il, des ouvrières demeurer 30 heures durant à l'atelier, au moment du Grand-Prix. On en a vu d'autres « attendre l'heure de sortie de l'Opéra pour essayer les toilettes de demi-mondaines qui quittaient la salle de spectacle (2) ».

Parmi les ouvrières lingères des ouvroirs, beaucoup semblent condamnées au labeur intense, abusif. « On fait travailler ces jeunes filles, dit Monseigneur Turinaz, en parlant des orphelines du refuge du Bon-Pasteur de Nancy, du moins un très grand nombre d'entre-elles, chaque jour plus longtemps que ne le permettent les lois civiles.

« Il suffirait de la dénonciation de quelque jeune fille sortie de la maison, pour que l'autorité civile sévît contre les religieuses (3). »

(1) Rapports, 1898, p. 32.

(2) *Le travail de nuit des femmes*, Mémoire de l'Association Internationale pour la protection légale des travailleurs, 1903. p. 211.

(3) Cité dans la *Revue Socialiste*, *l'Assistance privée*, par G. Cagniard, 1900.

En général, le travail se prolongeait à Nancy, les révélations sensationnelles du procès du Bon-Pasteur nous l'ont appris, de 4 heures du matin à 8 ou 9 heures le soir.

Dans les autres maisons du Bon-Pasteur, la journée est de 14, 15, 16, 17, 18 heures (1). Ordinairement, l'assistée se lève à 4 heures 1/2 ou 5 heures et se couche à 9 heures. Pour ne point perdre de temps, on supprime le service religieux (2).

Au Bon-Pasteur du Mans, « l'heure réglementaire de cessation du travail est 9 heures du soir, mais le travail durait jusqu'à 2 heures du matin (3). » Au refuge de Tours, on se lève à 4 heures 1/2. A 7 heures, on déjeune d'une soupe. A 11 heures, deuxième repas qui dure une demi-heure. A 6 heures dîner, puis travail jusqu'à l'heure du coucher. Il n'y a pas de récréation à proprement parler. A l'heure de la récréation seulement on peut causer tout en travaillant! (4)

Une pensionnaire a-t-elle enfreint la rude discipline de la maison? Pour le plus léger manquement la punition infligée est de travailler toute la nuit pour finir sa tâche. Le lendemain il faut fournir tout de même une journée de travail ordinaire.

Les moindres loisirs sont utilisés. Plusieurs refuges, et entre autres celui de Tours, les emploient à la confection des « mystiques ». Ce sont les cadeaux offerts à la supérieure exécutés par contrainte morale. A 3 heures du matin, on coud sur son lit pour confectionner mouchoirs fins et chemises.

(1) Interpellation Breton. Chambre des Députés, *Journal officiel*, mars-avril 1905.

(2) Interpellation Breton; 24 mars, p. 1060.

(3) Interpellation Breton.

(4) Interpellation Breton.

Et ce travail de forçat n'est pas seulement l'occupation d'une courte période de la vie, ce qui serait déjà trop ! Dans beaucoup de refuges-ouvroirs, les femmes restent toute leur jeunesse, 20 ans, 30 ans, parfois même jusqu'à la mort (1) !

Les dentellières, en général, sont des ouvrières à domicile qui exécutent chez elles le travail distribué d'ordinaire par un entrepreneur ou une entrepreneuse.

Certaines, paraît-il, s'occupent à la dentelle, à leurs moments perdus. La petite bergère, en gardant son troupeau, fait sauter ses fuseaux sur le tambour et « clic, clac » se déroule la dentelle (2); les jeunes filles, les soirs d'hiver, se réunissent dans la grande salle de ferme et, rapprochant leurs carreaux, honnêtement devisent; tandis que le pot bout sur l'âtre, les mères, gardiennes du foyer, sur le seuil de leur porte travaillent (3)... Pour toutes celles-là, il est impossible d'avoir des notions précises sur la durée quotidienne du labeur. Mais lorsque la dentellière veut faire de son aiguille ou de son carreau son gagne pain, comme dans la Haute-Saône, comme dans le Calvados, ce sont de longues heures qu'elle demeure attachée à l'ouvrage. Parfois de 8 heures du matin à 8 heures 1/2 du soir, sans doute parfois même 16 heures durant, comme en Belgique (4).

Quant aux « confectionneuses », autres ouvrières en chambre, qui surtout habitent les grandes villes, c'est à peine si elles ont le temps de veiller sur les

(1) Interpellation Breton.

(2) Vigouroux, *Rapports sur la dentelle*, 1904.

(3) Ardouin-Dumazet, *Voyage en France*, 11e série, p. 106 t. II. p. 158.

(4) Verhaegen, *L'industrie dentellière en Belgique* 1902.

enfants et le ménage (1). On en voit qui travaillent 13 ou 14 heures par jour. Il en est même qui, dans la bonne saison, « se lèvent à 4 heures du matin, et passent deux nuits par semaine ».

En résumé, au point de vue de la durée du travail, nous pouvons établir le classement suivant : Le premier rang est tenu par les ouvrières des manufactures de l'État qui, dans certains cas, ont la journée plus courte que la journée légale (10 heures) : telles sont les allumettières; ou par les ouvrières des métiers masculins, « qualifiés » c'est-à-dire ceux qui demandent des connaissances techniques particulières et qui sont généralement exécutés par des hommes (typographes).

Le deuxième rang revient aux ouvrières de fabriques, pour qui la journée se rapproche de plus en plus de la journée légale, (ouvrières du coton, de la soie).

Le troisième rang est occupé par les ouvrières de la petite industrie en atelier (couturières, lingères). Enfin le dernier rang est celui des ouvrières à domicile, (dentellières, confectionneuses), pour qui la durée du travail peut être indéfinie, auxquelles nulle réglementation ne s'applique.

Fait saisissant et triste à constater, tandis que les industries à courte journée n'occupent que quelques milliers de femmes, les industries à longue journée, en occupent des centaines de mille !

(1) *La Revue* : *Le Sweating-system en France* » par le Dr Romme, septembre 1906.

CHAPITRE II

Le Salaire.

Les salaires en 1850 et en 1900.— Une faible minorité d'ouvrières est bien rétribuée. — La rémunération du plus grand nombre. — La concurrence entraîne la faible rémunération. — Budgets d'ouvrières.

Avec la durée du travail, le salaire est un des facteurs primordiaux qui constituent « les conditions de travail de l'ouvrière ».

On peut admettre, en effet, qu'un labeur excessif est relativement compensé par un beau salaire ,qui permet au travailleur de s'offrir quelque bien-être : une bonne nourriture, un logement sain, des vêtements hygiéniques, un peu de confort en un mot. Malheureusement, en fait, le salaire n'est point proportionnel à la durée du travail. Au contraire, plus la journée de labeur est longue et plus le salaire est réduit. D'une façon générale, on peut dire, du reste, que les salaires sont encore très bas.

Il est indiscutable que depuis un demi-siècle (1) les salaires se sont graduellement élevés. Tandis que les salaires agricoles ont doublé, les salaires industriels ont augmenté des deux tiers environ. La hausse n'est pas seulement nominale, mais réelle.

(1) Gide, *Traité d'économie politique*, p. 466.

En effet si les produits alimentaires ont augmenté de prix dans des proportions très considérables, (viande, légumes, vin, beurre), si le taux des loyers s'est élevé, le pain, qui compte tant dans l'alimentation ouvrière, n'a pas haussé de prix, certaines denrées ou marchandises de première nécessité ont diminué (sucre, épicerie, articles de manufactures, vêtements, meubles, etc.). On a calculé que si la vie matérielle a augmenté de 25 p. 100 depuis un demi siècle, comme les salaires ont augmenté de 66 p. 100, il demeure une bonne marge de hausse réelle; néanmoins les salaires ne sont point ce qu'ils devraient être; ils n'ont pas augmenté en proportion du développement de la richesse générale. On peut en avoir une preuve par ces chiffres : tandis que la part des salariés s'est accrue de 40 p. 100, celle des propriétaires s'est accrue de 160 p. 100 et l'ensemble des fortunes privées a presque quadruplé depuis 60 ans (1).

Selon Mlle Schirmacher, tandis que le salaire industriel moyen maximum de l'homme est de 7 fr. 50, le salaire maximum de la femme n'est que de 3 fr. 20. Les salaires de 2 fr. 50 et 2 francs qui sont de beaux salaires industriels de femmes, représentent des salaires de « manœuvre » pour l'homme (2).

Entrons maintenant dans quelques détails en comparant successivement des salaires d'ouvrières de diverses professions vers 1850 et vers 1900.

Selon Villermé, les ouvrières du coton qui travaillaient en 1833-34 à Mulhouse, environ 300 jours par an, quelquefois moins, ne gagnaient que fort rarement 2 et 3 francs par jour. Le salaire pour la femme oscille entre 1 fr. 10 et 1 fr. 75.

(1) CH. GIDE, *Traité d'économie politique, op. cit.*
(2) K. SCHIRMACHER : *Le Travail des femmes en France*, 1902.

Dans les tissages de laine, le salaire est moindre. Il s'élève suivant cette progression : 0 fr. 50, 0 fr. 75, 1 franc, 1 fr. 15, 1 fr. 50.

Le niveau s'abaisse davantage encore dans l'industrie de la soie, où les organsineuses gagnent 0 fr. 70 à 0 fr. 80.

En général, observe Villermé, c'est le travail le plus simple, le travail des manœuvres, qui est confié aux femmes. Aussi, tandis que le salaire moyen est de 2 francs pour l'homme, il n'est que de 1 franc pour la femme, de 0 fr. 45 pour l'enfant.

Les industries purement féminines ne sont pas plus rémunératrices que les industries mixtes des fabriques textiles. En 1852, les « dentellières de Mirecourt articulent une plainte dans laquelle elles déclarent que leur journée de 20 heures de travail ne leur produit que 35 à 40 centimes » (1)...

Actuellement, les diverses sources d'information auxquelles nous devons puiser pour nous renseigner sur le niveau des salaires dans le textile ne sont pas en tous points concordantes : celles d'origine patronale et d'origine ouvrière présentent même des divergences assez accusées. Nous adopterons les chiffres qui émanent de la source du juste milieu, représentée en l'espèce par la chambre des prud'hommes.

Dans le Nord, à Tourcoing, par exemple, les filatures de coton paient les salaires suivants : pour l'enfant : de 1 franc à 1 fr. 50; pour la femme de 2 francs à 2 fr. 50 : pour l'homme de 3 francs à 3 fr. 50 (2).

(1) AUDIGANNE, *Les populations ouvrières et les industries de la France*, t. I, p. 144.

(2) *Enquête sur l'état de l'industrie textile et la condition des ouvriers tisseurs*, t. II, p. 440.

D'après les prud'hommes d'Armentières, la moyenne du salaire du tisseur, — et l'homme est toujours mieux rétribué que la femme, — ne serait que de 2 fr. 50 par jour. « Un bon tisseur n'arrive pas à 3 francs au long de l'année. On n'arrive pas à 900 francs par an (1). »

Or dans le Nord, les salaires sont supérieurs à ce qu'ils sont dans les Vosges (2).

Les résultats de l'enquête sur le textile, dans les régions où l'on travaille la soie, viennent d'être publiés. D'après les renseignements qu'elle nous donne les salaires de femmes seraient en moyenne de 1 fr. 50 dans les filatures.

Armentières (Chambre syndicale ouvrière).

Taux des salaires journaliers par catégories et moyennes annuelles (3).

	ENFANTS de moins de 18 ans.		FILLES OU FEMMES de plus de 18 ans.		HOMMES de plus de 18 ans.	
	fr. c.	fr. c.	fr. c.	fr. c.	fr. c.	fr. c.
Filature de coton	0.60	2 »	1.75	3.50	2.50	3.75
— lin, jute.	0.60	2 »	1.75	2.60	2 »	4 »
Tissage toile . .	0.75	1 25	1.50	2.25	2 »	2.50
Crémages. . . .	1 »	2 15	»	»	2.85	4.50
Blanchisseries .	0.85	1 50	»	2.50	2.25	3 »
Coton glacé . .	1.50	2 25	2.25	2.50	2.50	3 »

(1) *Op. cit.*, p. 38.

(2) Ch. Benoist, *L'organisation du travail*, p. 439.

(3) « Il ne faut pas se laisser prendre à la manière dont les patrons établissent la moyenne pour laisser croire que le

Un petit nombre de professions font exception à la règle et sont suffisamment rétribuées. Ce sont celles qui ne font travailler qu'une infime minorité du contingent féminin. Nous avons déjà parlé de ces professions. Les favorisées sont entre autres les ouvrières allumettières qui, depuis une dizaine d'années, voient progressivement leurs salaires se relever.

Tandis qu'en 1890 le gain moyen de l'ouvrier n'était que de 4 fr. 36, en 1904 il est de 6 fr. 57 (1).

En 1890, l'ouvrière ne recevait en moyenne que 2 fr. 78, en 1904, elle reçoit 4 fr. 92, soit pour l'homme une augmentation de 50 p. 100 et pour la femme une augmentation de 76 p. 100.

Dans les manufactures de tabacs, le relèvement des salaires est, là encore, continu (2). De 1894 à

salaire est aussi fort qu'il y a 20 ans. Ainsi, voici un tissage où on travaille sur deux métiers qui battront toute l'année, et 30 ouvriers qui travailleront au long de l'année sans interruption. Les quatre autres métiers sont occupés par des ouvriers voyageurs qui travaillent une semaine et qui ne travaillent pas la suivante, par exemple, parce que la machine est trop mauvaise et qu'alors que les autres pouvaient gagner de 20 à 25 francs ils ne gagnaient que 1 fr. 50 et 2 francs..... les journées de 1 fr. 50, 2 francs, doivent entrer en ligne de compte. C'est au contraire en établissant leurs calculs sur les 30 ouvriers qui travaillent toute l'année que les patrons établissent leurs moyennes ». (*Chambre syndicale ouvrière de Roubaix*), t. II, p. 170.
Enquête sur l'état de l'Industrie textile et la condition des ouvriers tisseurs.

(1) « Les salaires des fabriques d'allumettes sont plus élevés que ceux des manufactures de tabac. L'emploi du phosphore blanc constituant un danger permanent, on éleva le salaire sous ce régime pour donner une légère compensation au travailleur. Cette élévation de salaire s'est maintenue par la suite. » GIBBON : *Employées et ouvrières*, 1906.

(2) *Bulletin de l'Office du Travail*, février 1905, p. 120-121.

1904, l'augmentation a été de 14 p. 100 pour l'ouvrier et de 21 p. 100 pour l'ouvrière (1).

Salaire moyen (Allumettes).

	ANNÉE	ANNÉE	Augmentation absolue	p. 100
	1890	1904	fr. c.	
Hommes.	4 fr. 36	6 fr. 57	2 fr. 21	50, 6
Femmes.	2 fr. 78	4 fr. 92	2 fr. 14	76, 9

Les typographes femmes qui font partie d'une corporation où l'organisation syndicale des ouvriers est très forte, très disciplinée, avec laquelle il faut compter, comme ils en ont donné la preuve le 1er mai 1906, ont des salaires supérieurs à la moyenne des salaires féminins, bien qu'ils soient inférieurs, toujours, à ceux de l'homme, dans la même profession.

En province, à Blois, par exemple, la compositrice peut arriver à se faire 3 fr. 50 (2), le compositeur gagnera alors 4 francs ou 4 fr. 50. Tandis qu'à Paris, le typographe gagne de 7 à 8 francs, la typographe peut se faire en moyenne de 5 à 6 francs par jour, soit 1.200 francs par an (3).

Dans la grande couture et la grande mode, finalement, les ouvrières peuvent, dans certains cas, gagner de magnifiques salaires. Celles-là, de grandes premières attachées aux maisons les plus renommées de

(1) *Bulletin de l'Office du Travail*, p. 118, 119; *Revue des questions pratiques de législation ouvrière*, juillet 1906.

(2) *Le travail de la femme dans la typographie*, p. 9.

(3) *L'Action Sociale*, 1904.

Paris, ont parfois des traitements de 10.000 ou 12.000 francs (1).

Créatures d'élite, ce sont de vraies artistes qui ont le sens de la ligne, le jugement délié, et qui font la fortune de leur maison. Celles-là ne chôment point ! Mais peut-être aurions-nous de la peine à trouver dans Paris une demi-douzaine de ces femmes largement appointées (2).

Les autres ouvrières couturières, même faisant partie des grandes maisons, subissent le flux et le reflux de la mode et de la saison. La règle générale, c'est qu'on ne les paye point à l'année, mais à la journée. Quand la morte-saison arrive, elles doivent, pour la plupart, abandonner l'atelier. Seules, les plus capables d'entre-elles, ou celles qui sont le plus favorisées par la première, sont sûres de retrouver de l'ouvrage quand les beaux jours reviendront. Les salaires les plus élevés que touchent ces femmes sont de 6, 5, 4 francs. La majorité ne dépasse pas le salaire de 3 francs (3).

C'est dans la catégorie des ouvrières à domicile, celles qui exécutent chez elles le travail en entreprise, c'est-à-dire distribué par un entrepreneur ou une entrepreneuse, intermédiaire entre l'ouvrier et l'industriel, que se trouvent les ouvrières le plus mal rétribuées, celles qui touchent les plus misérables de tous les salaires. Ce sont précisément leurs conditions de travail qui constituent, dans son essence, ce que l'on appelle le *sweating-system*.

Bien que des monographies détaillées, comme celle que prépare en ce moment « l'Office du Travail », sur la lingerie, nous fassent défaut, nous savons,

(1) P. du Maroussem, *Le vêtement à Paris*, p. 553.
(2) *Le vêtement à Paris*, p. 553.
(3) *Le vêtement à Paris*, p. 520 et sq.

d'après un certain nombre d'enquêtes particulières, que le sweating-system existe en France principalement dans l'industrie de la lingerie et de la confection.

A Paris une maison qui distribue du travail à plus de 3.000 ouvrières en chambre paye 8 sous par douzaine de tabliers, 4 sous par douzaine de mouchoirs à ourler. Il est probable, bien que l'auteur ait omis de nous le dire, que ce travail se fait à la machine. Mais en admettant qu'il en soit ainsi, d'après des personnes expertes, il est très difficile, en une journée de 14 ou 15 heures, d'arriver à faire plus de 3 douzaines de tabliers et 6 douzaines de mouchoirs. Cela ramène le gain quotidien à 24 sous (1). Des ouvrières d'un syndicat nommé *Union des ouvrières à domicile* (2) nous ont assuré que des blouses pour dames leur étaient payées de 0 fr. 30 à 0 fr. 40 de façon et qu'il était impossible d'en faire plus de 3 ou 4 par jour.

A Lille ou dans la région lilloise, les confectionneuses en vêtements pour hommes, mieux rétribuées que les confectionneuses en vêtements pour femmes, arrivent, lorsqu'elles sont bonnes ouvières, à gagner environ 15 francs par semaine en travaillant 13 ou 14 heures par jour. Mais l'ouvrière médiocre devra se contenter de 6 francs par semaine. Les finisseuses de pantalons, « parias de l'industrie à domicile du vêtement », gagnent bien moins encore; 0 fr. 80, 0 fr. 90 par jour (3).

(1) Georges Cahen, *Le travail en chambre à Paris*, *Revue Bleue*, juin 1906.

(2) Union de travailleuses à domicile, association éphémère fondée en 1904, siège social rue Jules-Jouy, Paris.

(3) Aftalion, *Le développement de la fabrique et le travail à domicile*, p. 259.

On cite à Bourges des salaires journaliers de 0 fr. 40 (1). En Touraine également, l'exploitation dans la lingerie est poussée à son comble.

Les ouvrières dentellières elles-mêmes, qui dans bien des cas exécutent un travail artistique, demandant un long apprentissage, comme le point d'Alençon, reçoivent une rémunération dérisoire.

En 1900, les dentellières du Calvados se faisaient de 0 fr. 50 à 1 franc par jour (2). Il y a même des ouvrières qui ne gagnent pas plus de 8 sous par jour (3). Que nous sommes loin de cette honnête pratique autrefois usitée en Angleterre : la dentellière étendait sa dentelle sur le comptoir du marchand et la recouvrait entièrement de shillings ; le nombre de pièces nécessaire pour couvrir son ouvrage constituait son salaire (4).

Non seulement le salaire est dérisoire, mais encore l'ouvrière ne le touche-t-elle pas toujours dans son intégrité. Dans certaines localités, en France comme en Belgique (5), où cette coutume est fort répandue, le facteur ou la factrice, intermédiaire entre l'ouvrière et l'employeur, est souvent un petit commerçant de campagne, un épicier, un mercier, qui paye l'ouvrière en marchandise : c'est la pratique justement condamnée qui est connue sous le nom de *truck-system*.

Si l'on compare le gain du commerçant à la rémunération de la main-d'œuvre, on ne peut, dans cer-

(1) *Rapport de la Commission supérieure du travail*, 1905, dans les Rapports.

(2) Engerand, *La dentelle aux fuseaux en Normandie*.

(3) La Réforme Sociale, 1905, p. 800.

(4) A. Honiton : dans les Archives du Musée Social. *La dentelle*.

(5) La Réforme sociale, *op. cit.* (pour la France). Verhaegen, *L'industrie dentellière en Belgique* t. II, p. 144 et sq.

tains cas, réprimer un sentiment de révolte devant l'inégalité choquante. En Belgique, par exemple, on cite les chiffres suivants : une berthe en dentelle dont la main-d'œuvre est revenue à 40.000 francs, et qui a été vendue à Bruxelles 150.000 francs; une robe duchesse en point de Bruxelles, vendue 3.500 francs et qui a coûté 1.250 francs. Enfin, pour parler de prix plus modestes, des nœuds de chapeaux qui reviennent à 40 centimes et qui sont vendus 14 francs, c'est-à-dire avec un gain de 525 p. 100 (1).

On a mis souvent en lumière les causes de bas salaires pour la femme. Rappelons-les brièvement.

D'abord, c'est que la femme, dit-on, a des besoins moindres que l'homme : c'est tant pis si, grande sœur devenue subitement orpheline, elle a charge d'un chef de famille ; si, veuve, elle demeure avec des enfants.

Une autre raison, c'est la concurrence effrénée que se font les femmes entre elles, et le préjudice qu'elles se portent en prenant le travail au rabais.

Les ouvrières des campagnes, par exemple, peuvent accepter le travail à un plus bas prix que les ouvrières des villes. Il en est parmi elles de deux catégories : l'une ne demande à son aiguille qu'un supplément de revenu, l'autre attend d'elle toutes ses ressources. Celles-ci lui consacrent seulement les loisirs que leur laissent les travaux des champs ou la durée des veillées d'hiver : pour elles, le salaire, si léger soit-il, sera toujours un superflu. Il permettra à la coquette d'acheter une jolie coiffe, une belle chaîne, un riche médaillon; il ajoutera

(1) Tous ces chiffres sont dans Verhaegen : *L'industrie dentellière en Belgique*, *op. cit.*, p. 157. Ils ont été repris et mis en lumière par le Journal *le Peuple* de Bruxelles, 21 avril 1903.

quelques louis d'or dans le bas de laine de la fille sérieuse et avisée. Celles-là, à qui la terre ingrate ne demande pas l'aide de leurs bras, font de l'aiguille leur métier. Mais pour elles mêmes, la vie est plus facile que pour l'ouvrière des villes.

Les ouvrières des couvents et des prisons (1).

Statistique pénitentiaire pour l'année 1903.
Maisons centrales de femmes.

Industries dont le rendement par journée de travail a été le plus élevé.

INDUSTRIES	LOCALITÉS	ANNÉE 1902	ANNÉE 1903
		fr.	fr.
Corsets.	Clermont.	1.0856	1.0680
Faux-cols et manchettes	Rennes.	1.1694	1.0522
Lingerie pénitentiaire. .	Montpellier.	0.8325	0.7381
Bonneterie.	Id.	0.7385	0.7026

qui travaillent dans des conditions toutes particulières font concurrence à l'ouvrière urbaine, dont les besoins sont plus grands. L'ouvrière urbaine amateur fait elle aussi concurrence à la professionnelle. Femme de petit employé, d'ouvrier se faisant de bonnes journées, elle ne vise qu'à gagner ses toilettes ou son loyer. Elle accepte du travail à n'importe quel prix et par contre-coup, elle atteint la professionnelle dont le tarif décroît.

A toutes ces raisons, il nous faut en ajouter une

(1) Il paraît que l'importance numérique du travail féminin dans les prisons est moindre qu'on ne l'imagine généralement. « Nous avons pour 1903, dernière statistique publiée, un nombre total de journées de 174.150 dans les maisons cen-

autre qui est particulière à notre temps : c'est l'habitude prise de se spécialiser. Le procédé de la division du travail, même dans les travaux les mieux « finis » de la mesure, se pratique rue de la Paix où chaque ouvrière a son attribution particulière : l'une fait le jupon, l'autre la manche, une troisième place les garnitures, etc. Le travail prend alors un caractère mécanique ; il a moins de valeur, partant se paye moins.

Dans le travail à domicile, à toutes ces causes d'avilissement de salaire, s'en ajoutent d'autres. L'ouvrière n'a à exécuter la plupart du temps qu'un travail fort simple, très grossier. Elle coud à la machine, en général, les diverses pièces du vêtement : jupes, jupons, blouses, chemisettes, ruches, etc., qui sont coupées par centaines à l'emporte-pièce et préparées par l'entrepreneuse (1). Celle-ci fait d'ordinaire la besogne la plus difficile et s'en dédommage. Le prélèvement du marchandeur réduit, a-t-on dit, le salaire d'environ 50 p. 100 (2).

On a établi maintes fois des « budgets » d'ouvrières et montré comment, avec les faibles salaires qu'elles

trales et de 391.874 dans les prisons à courtes peines, au total 568.624 journées de détention. Ce chiffre nous donnerait une moyenne de 569 ouvrières de maisons centrales et de 1.275 de prisons à courtes peines, soit approximativement 1.844 ouvrières............ » cité par CH. POISSON, *Le Salaire des femmes*, p. 182. La concurrence faite par les femmes des prisons demeure tout de même, *car il suffit que l'industriel puisse mettre en avant les bas prix obtenus par lui dans certains cas, pour faire baisser le niveau des salaires*. Il obtient ces bas prix, par exemple, par le système de l'entreprise générale. L'État loue à l'entrepreneur la main-d'œuvre des prisonniers et celui-ci l'emploie pour son propre compte ou la sous-loue à des concessionnaires.

(1) *Publ. de l'Exposition de* 1900. Le vêtement.

(2) P. DU MAROUSSEM. *Le Vêtement à Paris*.

gagnent, il leur est quasi impossible de suffire aux besoins même d'une femme seule. Ainsi, à Paris, une ouvrière qui se fait 3 fr. 75 par jour peut être considérée comme touchant un beau salaire. Néanmoins si on déduit le chômage, 105 jours par an (fêtes et dimanches compris), avec les 260 jours de travail, qui restent le gain annuel n'est plus que de 975 francs, soit en moyenne 2 fr. 65 environ par jour. Si elle prélève 0 fr. 90 pour chaque repas — ce qui est bien modeste — si son loyer est de 150 francs et son éclairage seulement de 12 fr. 65, avec quelques frais divers indispensables, au bout de 1 an elle ne bouclera pas son budget; elle aura 140 francs de déficit (1)!

Une petite main qui se fait 1 fr. 25 par jour, avec un loyer annuel de 100 francs, ne peut arriver à s'acheter du combustible pour se chauffer en hiver; un morceau de boudin ou de saucisse, avec quelques pommes de terre frites sont sa nourriture quotidienne. Encore cela n'est-il vrai que durant la bonne saison (2)!

La femme mariée peut seulement, en donnant son concours, alléger le fardeau du mari. A Armentières, une ouvrière bobineuse qui se fait 9 francs par semaine, et qui a 5 enfants dont l'aîné a 10 ans, le plus jeune un an et demi, leur donne un morceau de pain en ajoutant sa paye aux 12 francs hebdomadaires de son mari. « Une voisine garde les deux derniers enfants au rabais, moyennant 5 francs par semaine. Il reste 16 francs pour vivre. On paye 2 francs de loyer, on achète pour 4 francs de pain, 2 sacs de charbon à 3 francs : les dépenses de grosse

(1) Ch. Benoist, *Les ouvrières de l'aiguille à Paris*, p. 114.
(2) *Op. cit.*

épicerie se montent à 5 francs. Au total 14 francs. » Avec 2 francs, il faut se procurer de la graisse, des pommes de terre, des vêtements; quant à la viande, on n'en mange pas (1).

Quand, par circonstance, la veuve, l'ouvrière, devient chef de famille, qu'elle est retenue à la maison pour donner ses soins à des enfants en bas âge, ou à de vieux parents infirmes, qu'elle prend du travail à domicile, le plus mal rétribué, elle ne peut donner un morceau de pain aux siens qu'avec le secours de l'Assistance publique.

Prenons une femme dans ce cas : blottie avec ses 5 enfants dans le plus noir des taudis d'un quartier populeux, à Plaisance (2), tandis que ses enfants sont secoués par les hoquets de la coqueluche et grelottent sous le frisson de la scarlatine, elle fait rapidement tourner la machine. Par pitié, touchée par ses misères, l'entrepreneuse lui accorde 2 francs par jour; elle reçoit 5 francs par mois du bureau de bienfaisance en hiver, et 3 francs en été. Avec cela même, on n'arrive pas à lier les deux bouts.

Toutes ces misères nous expliquent les drames que nous révèlent fréquemment les faits-divers des journaux et en particulier aux époques du terme, la recrudescence des suicides (3).

(1) *Le Temps*. M. Gabion. Armentières, 9 nov. 1905. Enquête sur le textile.

(2) GEORGES CAHEN. Le Travail en Chambre à Paris. *Revue Bleue*, mai-juin 1906.

(3) Les Suicides par Misère à Paris. *Revue des Deux-Mondes*, 1898.

CHAPITRE III

Maladies professionnelles et mortalité.

Dans quelle mesure les dangers de maladies professionnelles sont atténués. — Survivance des poisons industriels. — La tuberculose. — Morbidité de l'ouvrière et mortalité infantile.

Peu favorisée au point de vue de la durée du travail et du salaire, l'ouvrière du xxe siècle ne l'est guère davantage au point de vue des conditions d'hygiène. Aussi bien est-elle sujette aux « maladies professionnelles » dues aux manipulations de substances dangereuses, ou à l'hygiène défectueuse, qui ont d'autant plus de prise sur elle, que sa nature est moins résistante que celle de l'homme.

Il est certain que si nous comparons la situation de l'ouvrière il y a 50 ans, à la situation de l'ouvrière aujourd'hui, l'avantage reste à la femme du xxe siècle. On ne peut nier certains progrès. Aujourd'hui, par exemple, certains métiers classés parmi les professions dangereuses ou insalubres sont interdits aux femmes par la législation protectrice du travail, ce qui coupe le mal dans ses racines. Il n'en est plus qui puissent travailler au fond des mines, au mortel travail des *herscheuses*. La suppression du phosphore blanc, dans la préparation des allumettes chimiques, a enrayé du même coup l'œuvre lente mais infaillible d'extermination. L'on ne rencontre plus dans les rues populeuses de Saint-Denis l'ombre errante dont nous parla, en des termes si poignants, il y a quelque dix ans, Mme Séverine : la créature se glisse, évite le passant, fuit le jour cru du réverbère. Même dans l'ombre, elle presse vivement autour d'elle le châle qui l'enveloppe. Elle a honte. Honte de sa déchéance physique, de sa pauvre figure où la nécrose a rongé le nez pour ne laisser plus que deux cavités horribles ; qui a emporté les mâchoires pour ne laisser plus qu'une béante ouverture ! — La lutte a été longue, difficile, mais finalement, grâce aux efforts des organisations ouvrières, grâce à la persévérance de quelques parlementaires passionnés pour cette cause, et grâce enfin à la froide mais décisive intervention de l'Académie de médecine qui, dans des rapports demeurés célèbres (1), a déclaré «qu'il était urgent de faire cesser l'insalubrité qui persiste dans un grand nombre de manufactures», l'emploi de ce produit, dans la préparation des allumettes, a été interdit. Depuis l'introduction du sesquisulfure d'antimoine, qui remplace le phosphore blanc, on n'*a plus enregistré en France, dans cette industrie, un seul cas de nécrose* (2).

Il est bien certain, d'autre part, que les lois de protection et d'assurance ouvrière (3), dont nous parlerons plus tard, ont eu une action bienfaisante sur la condition de la classe ouvrière ; en particulier *la loi de 1898, sur les accidents du travail*, en engageant gravement la responsabilité du patron dans les accidents survenus, a eu pour effet d'accroître les

(1) *Les industries insalubres*. Mémoire de l'Association pour la protection internationale des travailleurs, p. 149.

(2) *Les Poisons industriels*, publ. de l'Office du Travail, p. 155.

(3) Voir chapitre...

mesures de protection et de diminuer le nombre des accidents. Néanmoins, ces améliorations sont insuffisantes.

« Les métiers qui tuent » sont loin d'avoir été totalement supprimés pour l'ouvrier comme pour l'ouvrière.

Il y a encore, à cette heure, des ouvrières empoisonnées par le plomb : ce sont les dentellières qui emploient le blanc de céruse au blanchîment des dentelles. Pour que les pièces de dentelle de couleur jaune écru, deviennent blanches comme neige, on les place sur des feuilles de papier recouvertes de céruse. Le tout est comprimé par le marteau ou le rouleau. « La céruse adhère ainsi au fil ; mais l'opération provoque une poussière qui intoxique un grand nombre d'ouvrières (1). »

Il en est qui sont empoisonnées par le mercure : c'est le cas de certaines ouvrières chapelières. La *bourre* qu'elles travaillent du matin au soir a subi des préparations au mercure. Quand elles jettent la bourre dans la fouleuse, les poussières s'échappent de toute part, et elles absorbent les particules nocives. Les *bastisseuses*, parmi les ouvrières chapelières, sont les plus atteintes, « le rôle de ces ouvrières est de déterminer les pièces dont l'assemblage, deux par deux, formera les chapeaux. Au moyen d'un appareil spécial, la clef, elles applatissent la bourre, la tassent, lui donnent sa consistance, son feutré... un grand nombre de femmes qui manipulent la bourre sont prises de tremblements nerveux, elles perdent dents et sourcils. Après *quatre à cinq ans de travail*, une bastisseuse est forcée d'interrompre toute besogne et de se mettre au

(1) Léon et Maurice Bonneff. *Les Métiers qui tuent*, p. 31.

régime lacté. Chez certaines ouvrières, *le tremblement nerveux est tel qu'elles ne peuvent manger ni boire sans aide*. Après quelques semaines de repos, l'ouvrière peut reprendre son travail, mais les troubles nerveux réapparaissent vite, plus violents et fréquents (1). »

Indépendamment des maladies dues aux poisons industriels, la mauvaise hygiène, encore dominante dans la plupart des métiers, est la cause première de nombreuses affections auxquelles sont sujettes les ouvrières et dont les principales sont : la chlorose, l'anémie, la tuberculose.

Les ouvrières du textile sont parmi celles que guette de près la terrible maladie.

On signalait déjà en 1840 les conditions déplorables d'hygiène au milieu desquelles vivaient ces ouvrières. Dans les manufactures de coton, le « battage » se faisait à la main. C'étaient, la plupart du temps, les femmes et les enfants qui exécutaient ce travail : des nuages de poussière floconneuse se répandaient dans les ateliers et pénétraient dans les poumons des ouvrières. Aussi, dans cette profession, on remarquait qu'un grand nombre d'ouvrières étaient mortellement frappées, atteintes de ce qu'on appelait « la pneumonie cotonnière » (2). A présent ce travail est effectué par les batteuses mécaniques, dont la garde est confiée à des hommes (3). Mais tous les dangers ne sont point pour cela écartés. La matière mise en œuvre, le coton, dans toutes ses manipulations laisse échapper des particules ténues, des poussières; dans certains ateliers même, ces poussières forment de vrais nuages. Il en est ainsi

(1) *Op. cit.* p. 47-48.

(2) Villermé, t. II, p. 211.

(3) Ch. Benoist, *L'Organisation du Travail*, 1905, p. 423.

dans les salles de carderie et de peignage. Or, ce sont justement les femmes qui travaillent dans ces ateliers.

Pour maintenir dans la filature le degré d'humidité requis, afin que le travail s'opère, soit disant, dans de bonnes conditions, sans que les fils cassent, l'air est insuffisamment renouvelé d'où un malaise pour le travailleur. Dans les filatures de lin c'est pire encore : « L'air est d'une humidité chaude et pesante ainsi que les serres réservées à certaines plantes tropicales, ou chargé et comme embrumé de poussières, suivant qu'il s'agit de filature au mouillé, ou de filature au sec (1). »

Les ouvrières de la soie, il y a 50 ans, mouraient toutes jeunes et phtisiques, soit qu'elles fussent atteintes par le lent empoisonnement qui résultait des réchauds sur lesquels reposaient les bassines-batteuses, soit qu'elles fussent mortellement atteintes par la manipulation des chrysalides en décomposition d'où se dégageaient des émanations délétères (2). Certains de ces dangers ont été supprimés. Néanmoins la condition de ces femmes est encore mauvaise. L'aération des usines, dans le plus grand nombre de cas, est défectueuse comme dans les filatures de coton ou de lin. Il est possible, certes, d'éliminer les buées produites par l'eau des bassines-batteuses dont la température est constamment à 100° : c'est ce qui a été obtenu dans quelques usines modèles. Mais en fait, il n'en est généralement pas ainsi; l'ouvrière à cause de cette haute température se trouve continuellement comme dans un nuage, et par certaines journées d'hiver la formation de ces

(1) CH. BENOIST, *op. cit*, p. 386.
(2) VILLERMÉ, *op. cit.*, t. II, p. 233 et sq.

nuages est si dense, qu'on ne distingue même pas les ouvrières à l'atelier. Ce milieu humide pénètre les vêtements légers des femmes et, au moindre abaissement de température, il provoque des refroidissements (1).

L'hygiène laisse encore fort à désirer par certains côtés notamment dans les conditions du couchage. Nous avons vu, ailleurs, que pour des raisons particulières, les ouvrières couchent généralement à l'usine. Leurs dortoirs, il y a une dizaine d'années à peine, étaient dans un état de malpropreté répugnante.« Les dortoirs sont sous les toits, dit un inspecteur, au grenier. Parfois on utilise une vieille salle abandonnée, qui nécessiterait des réparations pour en faire un atelier, et qu'on trouve assez bien aménagée pour un dortoir. Le jour et l'air, très souvent insuffisants, n'y pénètrent parfois que par de petites lucarnes en nombre restreint. Les escaliers d'accès sont la plupart du temps des casse-cou, et l'ensemble est d'une malpropreté repoussante. Au Pont-de-Bridou, près de Mayres (Ardèche), le dortoir d'un moulinage, situé sous le toit, est éclairé par deux petites lucarnes placées au ras du sol, et par un ciel ouvert de 8 décimètres carrés. Le toit étant en pente d'un côté, les ouvrières sont obligées de se baisser pour s'approcher de leur lit. Ce local, dont la surface est de 35 mètres carrés, reçoit 15 ouvrières. Dans d'autres dortoirs, nous avons pu voir des carreaux cassés remplacés par des tampons de paille ou de vieux linges. Les lavabos sont complètement inconnus. Les filles ont l'habitude de se laver dans de grands plats de terre et on n'a jusqu'ici trouvé rien de mieux que de jeter les eaux sales sur le parquet. De

(1) *Rapports des Inspecteurs du travail*, 1902, p. 385.

la sorte, il se produit par place des flaques d'eau qui répandent une odeur nauséabonde. Les lits consistent en une paillasse de paille, posée sur deux ou trois planches mal dressées que supportent deux tréteaux; une paire de draps qu'on change à peine tous les deux mois, et deux ou trois mauvaises couvertures. Les filles couchent deux à deux, ce qui, au point de vue de la moralité et de l'hygiène, laisse beaucoup à désirer. Telles sont les dépendances dans lesquelles vit l'ouvrière des moulinages et des filatures de soie (1). »

Lentement, un peu d'ordre et de propreté se glissent. Pourtant l'on peut dire que tout récemment encore *l'encombrement et le couchage à deux étaient la règle générale* (2).

A ces deux grands dangers, on n'a pas encore opposé de sérieuse résistance : on a tous les inconvénients de l'air confiné d'une part, de l'autre la contagion des maladies par le couchage en commun. Il paraît que l'anémie et la chlorose, ces deux avant-coureurs de la tuberculose, font chaque année de nombreuses victimes parmi ces ouvrières. Après un labeur anémiant, un repos complet serait indispensable pour elles, la nuit (3).

(1) *Rapports 1898*, p. 209.

(2) *Ibid.*, *1902*, p. 381.

(3) Peut-être nous objectera-t-on que les ouvrières ne sont pas dans de meilleures conditions de confort lorsqu'elles logent chez elles. Sans doute, mais il faut tenir compte des trois conditions suivantes : D'abord, chez elles, elles sont couchées en commun avec des personnes de la même famille, puis « l'agglomération qui existe dans les dortoirs des usines développe les causes de tares physiques et morales... Enfin, si l'État ne peut intervenir au sein de la famille ouvrière, il a le devoir d'assurer des conditions plus dignes et plus humaines dans ces agglomérations qui sont le résultat d'une nécessité industrielle » Rapports 1902, p. 382.

Il faudrait une chambre salubre, bien aérée. Mais que la réalité est loin encore de tout cela !

On est tenté de se représenter les ateliers des riches maisons de couture dont les salles d'essayage sont splendides, comme des ateliers modèles, vastes, spacieux, largement aérés et ventilés, bref, tout à fait en harmonie avec l'hygiène moderne ; un milieu propre à soutenir les forces qui s'épuisent par un labeur régulier et prolongé. Il n'en est rien.

Sous prétexte que dans les grandes villes, et surtout dans les grands quartiers, les loyers sont fort chers, on installe les ouvrières dans des salles étroites où elles sont toutes proches les unes des autres, et s'intoxiquent par l'air insuffisamment renouvelé. De là les évanouissements qui ne sont pas rares dans ces milieux, et l'anémie qui sévit d'une façon chronique parmi ces ouvrières (1). Il faudrait que l'espace minimum réservé à chaque femme au travail fut au moins de 6^{mc}. Pourtant cette condition est rarement réalisée. Parcourez d'année en année les rapports des inspecteurs du travail ; ce sont toujours des remarques comme celle-ci : le nombre des ouvrières est trop élevé pour les dimensions de la salle ; ou bien encore : c'est dans les ateliers de couture qu'on trouve parfois les ateliers les plus restreints (2).

Il ressort nettement d'une récente enquête pratiquée sur un certain nombre d'ateliers parisiens, que le cube d'air par ouvrière tombe parfois à 2 *mètres* seulement (3) !

Sur 1780 ouvrières travaillant dans des ateliers de couture on a observé en effet que :

(1) *Les Poisons industriels.*
(2) Rapports, 1900, p. 118. — 1901, p. 75.
(3) Rapports, 1904, p. 19.

Dans	20	ateliers,	l'ouvrière a moins de	6	m. cubes.
—	38	—	— —	5	—
—	21	—	— —	4	—
—	5	—	— —	3	—
—	1	—	— —	2	—

Les ouvrières lingères d'ouvroirs apportent à leur tour leur tribut funèbre par le labeur excessif, la négligence totale de toute hygiène : « Dans les dortoirs, les lits sont couverts d'une courtepointe assez propre, mais si on les soulève, on s'aperçoit que les draps manquent, et sont remplacés par des guenilles dégoûtantes (1) » Les serviettes et les lavabos sont rares. Quelquefois, ils font tout à fait défaut. Quant à la nourriture, elle est horrible et parcimonieuse. Nous ne rappellerons pas ici tous les détails écœurants cités par les journaux, ou d'autres encore qu'a dû donner à la Chambre M. Breton député, lors de son interpellation sur le travail dans les refuges-ouvroirs (2). Pour ménager la délicatesse du lecteur, nous dirons simplement que ces enfants, ces jeunes filles, ces femmes qui fournissent un effort physique surhumain dans toute la force du terme, sont réduites à la pitance la plus mince qu'on puisse imaginer. En général, une soupe maigre et du pain de qualité inférieure et en quantité insuffisante; des légumes cuits à l'eau et distribués chichement, tel est le régime. On a pu évaluer ainsi que leur entretien s'élevait tout au plus de 15 à 35 centimes par jour! Voilà comment vivent ces travailleuses qui, chacune individuellement, font un travail excessif l'équivalent de 1000 chemises par an.

Nous n'en finirions point si nous voulions dresser

(1) Interpellation Breton, *op. cit.*
(2) *Ibid.*

la liste complète des métiers qui engendrent la tuberculose : la confectionneuse de la grande ville dont le logement suinte la phtisie ; l'ouvrière en chambre de la campagne qui se réunit le soir à la veillée avec d'autres femmes comme elle, dans le même local d'où n'est banni aucun des inconvénients de l'atelier aggloméré (1) ; la dentellière qui semble devoir être menacée en France comme en Belgique (2) ; la blanchisseuse, pour qui la mortalité, d'après des observations du docteur Landouzy, serait de 56 p. 100 ! (3)

Nous ne pouvons entrer dans le détail de toutes les maladies courantes dans le monde ouvrier féminin. Parmi les ouvrières citées il en est qui sont atteintes de maladies de la vue ; ce sont celles surtout qui travaillent à l'aiguille. Parmi les femmes sujettes aux varices, aux phlébites conséquences de la station debout, les repasseuses sont les plus atteintes. Plus de 60 p. 100 d'ouvrières de quarante ans, dans cette profession, en sont affligées (4).

Pour toutes, ou peu s'en faut, aux mauvaises conditions d'hygiène pendant la période de travail, s'ajoutent le surmenage, la mauvaise nourriture, l'habitation insalubre, conséquences du salaire infime, qui les prédisposent à l'affaiblissement général, à l'emprise de la maladie.

Les maladies professionnelles deviennent non seulement un danger individuel, mais un péril national : la race se trouve menacée. Atteinte par la mortalité de la classe ouvrière féminine, la race est

(1) Dr Romme. *Le sweating-system en France* dans la Revue, 1905.

(2) Verhaegen. *L'Industrie dentellière en Belgique.*

(3) *Revue d'hygiène et de police sanitaire. Congrès de la tuberculose*, 1905, p. 1035.

(4) *Les Métiers qui tuent*, p. 126.

encore frappée par la mortalité effrayante des enfants des travailleurs. La femme qui, sur le point de devenir mère, se surmène met évidemment son existence en danger. C'est le cas de l'ouvrière du textile qui par nécessité reste jusqu'au dernier moment à l'ouvrage, qui *reprend même parfois le travail le lendemain de ses couches*, ou 8 ou 9 jours après l'accouchement (1). Mais si le danger est grand pour elle, il n'est pas moindre pour l'enfant abandonné à des mercenaires que la mère ne peut allaiter. En 1840, Villermé se plaignait déjà de cette situation. On avait remarqué, à cette époque, que parmi les enfants d'ouvriers, la moyenne de la mortalité ne dépassait pas l'âge de 10 ans (2). La situation ne s'est pas assez améliorée depuis. On sait qu'il y a deux ou trois ans, à la suite de grèves survenues dans le Nord, *une commission d'enquête* fut constituée. Nous détacherons de cette enquête le passage suivant qui a trait à l'enfance ouvrière. Un des membres de la Commission parlementaire, M. Jaurès, s'adressant à un ouvrier tisseur, M. Tankeré, lui dit :

« M. Jaurès *parlant des enfants*). — Il en meurt beaucoup ?

M. Tankeré (*un ouvrier*). — Oh ! oui.

M. Jaurès. — Je m'excuse de poser une question qui peut vous être pénible ; mais, dites-moi, vous qui êtes ici, avez-vous perdu des enfants ?

M. Vanalderweirelde (*un ouvrier*). — J'en ai perdu 4, il m'en reste 4.

M. Tankeré. — J'en ai perdu 2 sur 3.

M. Sohier (*autre ouvrier*). — J'en ai perdu 1 sur 2.

M. Jaurès. — Vous les avez tous perdus de bonne heure ? Ils étaient grandets déjà ?

(1) *Enquête sur le textile*, t. II. p. 72.

(2) Villermé. *op. cit*, t. II, p. 249.

M. VANALDERWEIRELDE. — Le plus vieux avait 2 ans.

M. JAURÈS. — Il est très douloureux de vous poser ces questions, mais il y a un tel intérêt à voir les choses dans leur réalité que j'ai cru pouvoir me le permettre. Ainsi pour les ouvriers présents, la moyenne de la mortalité infantile dépasserait 60 p. 100 (1). »

A Armentières, la moralité infantile dépasse 60 p. 100; à Tourcoing, on a calculé qu'elle était supérieure à 70 p. 100.

* * *

Si peu enviable que soit, en France, au commencement du XXe siècle, la condition de l'ouvrière, nous avons vu, cependant, que depuis un demi-siècle elle s'est améliorée. C'est grâce à l'intervention des Pouvoirs publics et de l'initiative privée qui exercent leur action commune ou simultanée principalement depuis l'avènement de la Troisième République.

En premier lieu, l'État et l'initiative privée ont accompli une œuvre d'éducation technique, pour faciliter à l'ouvrière sa tâche professionnelle dans les métiers où l'apprentissage est indispensable; en second lieu, l'État, par la législation ouvrière, s'est efforcé d'apporter, dans une certaine mesure, quelques atténuations au surmenage et aux mauvaises conditions d'hygiène. Finalement, c'est surtout l'initiative privée qui a tenté d'améliorer les conditions du salaire par l'organisation coopérative et syndicale des ouvrières et par les œuvres philanthropiques.

(1) *Enquête sur le textile*, t. II, p. 72.

DEUXIÈME PARTIE

L'ŒUVRE DE LA TROISIÈME RÉPUBLIQUE

CHAPITRE PREMIER

L'Enseignement technique.

Nécessité d'un Enseignement professionnel dans les métiers « qualifiés ». Cours et Écoles professionnelles. Un enseignement spécial de la dentelle. — Projet de loi sur l'enseignement professionnel.

Il est certains métiers, ceux qui permettent de gagner les plus beaux salaires (1), qui ne s'acquièrent pas sans une éducation professionnelle préalable. Ce sont les métiers « qualifiés ». Tel celui de la couturière, de la modiste. Sous l'ancien régime économique, cette éducation professionnelle, l'apprentissage, se donnait chez le patron ou la patronne. L'avènement de la grande industrie devait transformer les habitudes séculaires et amener la crise de l'apprentissage.

(1) Tous les métiers « qualifiés » ne sont pas, d'une façon générale, bien payés, les salaires des dentellières sont infimes. Mais c'est dans ces métiers que les ouvriers, comme les ouvrières, arrivent aux plus belles situations.

A quoi bon « donner un métier » à l'enfant, métier qui exige toujours de la part des parents certains sacrifices, lorsqu'il est tant de professions qui rapportent tout de suite : il suffit de le « mettre aux machines » pour qu'il gagne, et depuis le milieu du XIXe siècle, les métiers mécaniques vont toujours se développant.

D'un autre côté, le principe même de l'organisation moderne du travail, la spécialisation, n'exige plus la connaissance complète de l'art. En quelques semaines, parfois en quelques jours, le travailleur est à même de pratiquer la partie du métier qui assure le gagne-pain.

Atteint dans ses racines vitales, l'apprentissage tomba.

Il est pourtant indispensable, même de nos jours, de laisser subsister les métiers qualifiés. Est-ce que l'une de nos industries nationales des plus prospères, la grande couture, la grande mode féminine, n'est pas parmi celles-là ?

Alors que partout à l'étranger, en Allemagne, en Angleterre, on s'efforce de régénérer l'éducation professionnelle, n'y a-t-il point un danger à la négliger en France ?

Pour des raisons d'intérêt général, comme dans l'intéret particulier de l'ouvrière, on a organisé en France, petit à petit, un enseignement technique rationnel pour remplacer l'enseignement décadent de l'atelier. En effet, de nos jours, lorsque l'apprentissage subsiste, il n'est plus du tout comparable à ce qu'il fut jadis et les apprenties, la plupart du temps, sont chargées de travaux qui n'ont aucun rapport avec leur profession. Ici, ce sont des besognes domestiques. les couturières de « quartiers », à Paris, font le ménage autant que la couture ; quant aux apprenties-modistes, elles s'en vont par tous les temps, le nez au vent, livrer les commandes, et elles connaissent bien mieux les journaux pour rire que le « passé » ou le « bouillonné ».

C'est tantôt dans les *cours professionnels*, tantôt dans les *écoles professionnelles*, que l'enseignement technique est donné, en France, et ce sont généralement les métiers dits « féminins » que l'on enseigne principalement dans ces cours et ces écoles.

Il y a plus de 50 ans déjà que les premiers cours de cet ordre ont été organisés.

Les sociétés d'enseignement populaire nées en 1830 et en 1848 (1), sous l'impulsion d'un mouvement démocratique, possédaient quelques cours d'instruction professionnelle. Il en était de même pour les Chambres Syndicales patronales, qui depuis le second Empire, époque à laquelle se fit sentir pour la première fois la crise de l'apprentissage, avaient dû recourir à ce moyen pour conjurer le danger.

Les unes et les autres donnèrent de l'extension à l'enseignement technique, surtout les premières : l'*Association Philotechnique*, l'*Association Polytechnique*, l'*Association Philomathique* : le réseau de leur enseignement s'étendit sur toute la France ; d'autres institutions plus jeunes les imitèrent (2).

Au concours offert par les Chambres patronales vint se joindre celui des syndicats ouvriers, qui ouvrirent successivement, depuis 1887 (3), des cours pour les ouvrières à Paris, Nîmes, Lyon, Carcassonne, Saint-Étienne, Marseille, Toulouse, Bordeaux, etc.

Enfin, aux écoles communales primaires, depuis

(1) *L'enseignement technique en France*, tomes IV, V.
(2) Avant-projet de Loi sur l'Enseignement technique.
(3) *L'enseignement technique, op. cit.*

quelques années, ont été annexés en beaucoup de villes, notamment à Paris, des cours complémentaires qui ont, pour les jeunes filles, le caractère d'un enseignement ménager et professionnel (1).

En général, tous les cours dont nous venons de parler sont professés le soir, pour permettre au travailleur de les suivre sans négliger le travail; ils sont gratuits, afin d'être accessibles à tous. Certains sont mixtes; d'autres exclusivement réservés aux femmes. Dans ces derniers sont enseignés les métiers de la femme: coupe, couture, lingerie, raccommodage, broderie, dentelle; le travail du cuir d'art, la gravure, la pyrogravure figurent au programme de cet enseignement, surtout dans les sociétés d'enseignement populaire.

L'auditoire qui suit ces cours paraît être, de prime-abord, assez nombreux. On a calculé, en effet, que, rien que dans les principales institutions d'enseignement professionnel, il s'élevait à 95.000 !

Remarquons pourtant qu'il s'agit d'hommes tout aussi bien que de femmes. Puis, parmi ces cours dits « professionnels » organisés par les associations d'enseignement populaire, il en est qui n'ont rien de professionnel si ce n'est le nom ! Tels sont les cours de solfège et de chant, de violon, de mandoline, de piano, de flûte, d'escrime, de clarinette, de violoncelle, de hautbois, de danse (2).

(1) *Monographies municipales. Enseignement professionnel*, Paris, 1899-1900.

(2) Rapport de M. Chautard, au conseil municipal de Paris sur l'Enseignement des adultes en 1904, n° 20 p. 155, « c'est ainsi qu'à Paris, sur 881 cours qui ont été inspectés du 29 janvier au 15 mars 1904, dans les six grandes associations d'enseignement populaire, on relève 59 cours de solfège et de chant, 47 cours de violon, 26 cours de mandoline, 25 cours de piano, 7 cours de flûte, 5 cours d'escrime, 4 cours de clari-

Souvent les statistiques se contentent d'indiquer les chiffres d'inscription aux cours. Et l'on sait combien l'ardeur studieuse va toujours diminuant, à mesure que l'on s'éloigne de l'époque de la rentrée.

En réalité, on ne peut évaluer à plus de 40 ou 45.000 le nombre des étudiants des deux sexes qui fréquentent les cours véritablement professionnels (1).

Or, il est à peu près certain que parmi ces personnes, celles qui appartiennent à la classe ouvrière proprement dite ne sont pas les plus nombreuses. Il est bien difficile, en particulier à la femme, à la jeune ouvrière qui a passé toute la journée au labeur, loin du foyer, et qui est sollicitée par tous les petits travaux domestiques, de se rendre quand même à la salle d'études !

Les femmes qui suivent les cours professionnels,

nette, 3 cours de violoncelle, 2 cours de hautbois, 1 cours de danse, etc., soit au total 183 cours de musique vocale ou instrumentale, qui ne sauraient rentrer à aucun titre dans l'enseignement technique tel que nous le comprenons et qu'il faut nécessairement défalquer des statistiques de cet enseignement.

« A Lyon, la Société d'enseignement professionnel, pendant l'exercice 1902-1903, comptait un nombre d'élèves inscrits s'élevant à 7,207, dont 3,933 pour les cours d'hommes et 3,274 pour les cours de dames et les cours mixtes. Au mois de mars, le nombre des élèves présents était encore de 2,039, soit 62 p. 100 pour les cours de dames et les cours mixtes; mais il n'était plus que de 1,849, soit seulement 48 p. 100, pour les cours d'hommes.

« A Bordeaux, la Société philomathique, pendant l'exercice 1900-1901, comptait 2,878 élèves inscrits, dont 1,988 hommes et 890 dames. Au mois de mars, le nombre des dames présentes aux cours était de 550, soit 62 p. 0/0; mais le nombre des hommes encore présents descendait à 956, soit seulement 44 p. 0/0.

(1) *Ibid.*

appartiennent pour la plupart à la petite bourgeoisie ; elles aspirent à posséder un bon savoir ménager : coupe, couture etc., afin de dégréver le plus possible le petit budget dont dispose la famille.

Les ouvrières ne comptent que pour une faible minorité.

Quant aux cours des syndicats ouvriers, ils sont fréquentés moins encore. Les plus prospères, comme ceux de la Bourse du Travail de Saint-Etienne, réunissaient moins de 200 élèves-apprenties en 1900 (1).

Les jeunes filles de la classe ouvrière qui apprennent un métier dans les « écoles professionnelles » doivent être encore en nombre plus restreint. Dans ce dernier cas, la jeune apprentie ne peut rien gagner. L'école la garde de 13 ans à 17 ou 18 ans. Il faut donc faire des sacrifices, attendre quelques années avant que l'enfant « rapporte ». Il n'est guère que les filles d'ouvriers aisés qui puissent remplir ces conditions, ainsi que les enfants de la petite bourgeoisie. Ces dernières, en majorité, sont destinées non pas seulement à devenir des ouvrières d'élite, mais encore des patronnes entendues ou des ménagères expertes.

Les principales de ces écoles sont : les écoles professionnelles et ménagères Elisa Lemonnier ; les écoles professionnelles et ménagères municipales, et les écoles de Commerce et d'Industrie.

Toutes, bien que d'origines diverses, sont presque semblables : elles s'adressent aux mêmes catégories d'enfants et la nature de leur enseignement offre des caractères identiques. Les plus anciennes sont les maisons de Mme Elisa Lemonnier qui donna

(1) *L'enseignement technique en France*, t. IV, p. 304

l'exemple d'une école professionnelle et ménagère ouverte à Paris en 1862.

L'opinion publique d'alors réclamait un enseignement ménager et un enseignement professionnel pour l'ouvrière. Des écoles professionnelles de garçons et de filles s'ouvrirent au Havre, à Rouen, à Nantes, à la Ciotat. Mais tandis que beaucoup d'entre elles disparaissaient avec l'Empire, celles de Mme Lemonnier résistaient à la tourmente (1).

Quelques unes des écoles municipales professionnelles de la ville de Paris datent des premières années de la IIIe République. Elles furent un gage du nouveau gouvernement, de sa sollicitude pour la classe ouvrière (2).

Les écoles de commerce et d'industrie sont de création toute récente (1892). Certaines d'entre elles ont été constituées par les écoles primaires supérieures fondées en 1888, qui ont été réorganisées, transformées, pour mieux s'adapter aux exigences de l'industrie moderne. Actuellement, il en est huit : ce sont les écoles pratiques de Commerce et d'Industrie de Boulogne-sur-Mer, de Dijon, du Havre, de Marseille, de Nantes, de Reims, de Rouen, de Saint-Étienne (3).

(1) Ferdinand Buisson, *L'enseignement primaire supérieur et professionnel en France*, 1887, p. 13.

(2) Les écoles municipales professionnelles de la ville de Paris sont les suivantes :

École de la rue de la		Tombe-Issoire	créée en	1870.
—	—	Jacquard	—	1879.
—	—	Bossuet	—	1884.
—	—	Ganneron	—	1884.
—	—	Fondary	—	1885.
—	—	Poitou	—	1886.

Le conseil municipal dépense 600.000 francs par an pour l'entretien de ces écoles.

(3) *L'enseignement technique en France.*

Dans toutes les écoles techniques, en principe l'enseignement est gratuit. En fait, certaines municipalités peuvent user de la faculté de faire payer aux familles, pour frais de fournitures et d'atelier, une légère rétribution. Néanmoins quelques bourses peuvent être accordées aux enfants dont la situation est la plus intéressante. Il en est de même pour les écoles municipales professionnelles et les institutions Elisa Lemonnier. Partout le programme de l'enseignement comporte une partie consacrée à l'éducation générale (il est comparable à celui des écoles primaires supérieures) et une partie d'éducation professionnelle proprement dite (1) : l'on trouve presque dans toutes les écoles des ateliers de couturières, de brodeuses, de modistes, de repasseuses; dans un certain nombre, des ateliers de giletières, de corsetières, de fleuristes. Certaines de ces écoles se spécialisent dans l'enseignement de telle ou telle profession. A Paris, par exemple, le métier de fleuriste est tout particulièrement enseigné rue Fondary. Rue Ganneron, l'on forme surtout des corsetières. A Rouen, on se consacre à la tapisserie de haute-lisse. Au Havre, le cuir d'art tient le premier rang (2).

Les écoles professionnelles et ménagères de la ville de Paris préparent annuellement de 1650 à 1700 ouvrières (3); les écoles techniques d'industrie, 2000 environ; les écoles Lemonnier près de 400 (4).

Or, toutes les jeunes filles qui reçoivent l'enseignement professionnel ne deviennent pas ouvrières. Prenons quelques exemples. Au Havre, la section

(1) Voir aux pièces annexes, p. 197.
(2) LAVY, *L'œuvre de Millerand*, p. 380.
(3) *Bulletin de l'Office du Travail*, décembre 1904.
(4) *L'enseignement technique*, t. V, p. 397.

industrielle comprend 156 élèves ; un tiers d'entre elles rentrent dans leur famille ; un petit nombre s'établissent au bout de la 4e ou 5e année d'école ; les autres sont placées chez des couturières et repasseuses.

A Paris, rue de Poitou sur 45 élèves sorties de la section industrielle et commerciale, 15 entrent dans l'industrie, 10 dans le commerce et 20 dans les carrières diverses.

STATISTIQUE

des élèves sorties pendant les cinq dernières années et des carrières qu'elles ont choisies (1).

ANNÉES	ÉLÈVES SORTIES	CARRIÈRES		
		Industrielles.	Commerciales.	Diverses.
1893-1894.	39	23	5	11
1894-1895.	53	36	9	8
1895-1896.	32	19	6	7
1896-1897.	35	19	5	11
1897-1898.	45	15	10	20

Il nous faut faire enfin une mention spéciale pour un enseignement technique qui s'organise en ce moment : c'est l'enseignement de la dentelle.

L'industrie dentellière française, célèbre dans le monde aux XVIIe et XVIIIe siècles par ses « points de France », était petit à petit tombée en décadence à la fin du XIXe siècle. Les dentelles mécaniques à bon marché lentement les avait détrônés ; l'on s'était si bien déshabitué de la vraie dentelle, que l'on ne distingua bientôt plus l'une de l'autre. Des élégantes

(1) *L'enseignement technique*, t. V, p. 339.

payèrent jusqu'à 80 francs le mètre d'imitation ! (1) En 1900 (2) on trouve à peine un millier de dentellières dans le Calvados qui en faisait travailler près de 50.000 en 1850 ! Le nombre des maisons de fabrication était tombé de 50, dans la première moitié du siècle, à 4, à la fin du XIXe siècle. Quant à la fabrication des Chantilly, elle s'était arrêtée (3). Seules les dentelles ordinaires comme celles du Puy soutenaient la concurrence des dentelles à la machine de Saint-Pierre-les-Calais, de Bailleul (4).

L'Industrie dentellière en France, en 1851 (5).

		Nombre d'ouvrières.
Manufactures de Chantilly et d'Alençon.	Orne. Seine-et-Oise. Eure. Seine-et-Marne. Oise.	12.500
Manufactures de Lille, Arras, Bailleul	Nord. Pas-de-Calais.	18.000
Manufactures de Caen, Bayeux, etc.	Calvados. Manche. Seine-Inférieure.	55.000
Manufactures de Mirecourt.	Vosges. Meurthe.	22.000
Manufacture du Puy. . .	Cantal. Haute-Loire. Loire. Puy-de-Dôme.	130.000

(1) *Rapport de la Chambre syndicale des dentelles et broderies*, 1901.

(2) ENGERAND dans le *Moniteur du Calvados* et l'Industrie de la dentelle en Normandie, *Revue des Deux-Mondes*, 1900.

(3) VERHAEGEN. *L'industrie dentellière en Belgique*, t. II, *la dentelle en France*, p. 174.

(4) Rapport de la Chambre syndicale, *op. cit.*

(5) D'après M. Félix AUBRY, cité par Verhaegen, *op. cit.* p. 174.

Partout à l'étranger les mêmes symptômes de décadence s'étaient manifestés. Lorsqu'à l'exposition de Chicago (1893) le point d'Angleterre fut remis en honneur, les riches dentelles recouvrèrent les faveurs de la mode. Notre caprice impose la dentelle sur nos tables pour rehausser l'éclat des fleurs ; le jour nous paraît plus doux lorsqu'il filtre au travers des fines arabesques de nos mystères et de nos stores, et une femme belle n'est vraiment le plus beau des joyaux que sertie d'Irlande, de Bruges ou de Venise.

Pour suffire aux exigences de la mode, la Belgique, et surtout l'Angleterre, l'Irlande, l'Italie se hâtèrent de réorganiser leur enseignement de la dentelle (1). On fit de même en France. A l'instigation de MM. Engerand et Vigouroux, députés du Calvados et de la Haute-Loire, un projet de loi, prescrivant l'enseignement de la dentelle dans les écoles primaires des départements dentelliers, fut voté (1) (1903) (2).

(1) Voir : Verhaegen, *op. cit.* — Pour la dentelle en Anglerre *The art Journal* 1896, article *English Lace in* 1896; *Pall Mall Magazine*, 1897 article *Honiton Lace*. Pour la dentelle en Irlande : *The Modern Irish Lace Industry* dans *Irland industrial and agricultural*, 1901.

(2) « A la suite du vote par le parlement d'un crédit de 10.000 francs pour assurer l'application de la loi du 5 juillet 1902 sur l'apprentissage de la dentelle à la main, le ministre de l'Instruction publique a introduit l'étude de la dentelle à la main dans les programmes de trois écoles normales : celles du Puy, de Caen et d'Alençon. Une ouvrière dentellière d'élite sera autorisée, au cour des trois années, à y donner des leçons en vue former des institutrices capables de donner, dans les écoles où elles seraient plus tard appelées, l'enseignement de la dentelle aux enfants qui leur seraient confiées.

En attendant que cet enseignement puisse porter ses fruits, le ministre a décidé que l'apprentissage de la dentelle à la main serait dirigé directement à l'école primaire par des ouvrières expertes, dans les communes où cette industrie a jadis

En France, comme à l'étranger, ce sont les dames de l'aristocratie qui sont à la tête du mouvement en faveur de l'industrie dentellière : « Le château, avait-on dit, est naturellement fait pour protéger la chaumière et il y aurait pour une châtelaine un rôle charmant à jouer que de grouper dans son village un noyau de dentellières (1)... » Ces paroles ont été entendues, entre autres par Mlle de Marmier qui s'efforce principalement de répandre l'industrie dentellière en Franche-Comté (2).

Donner du travail aux ouvrières des campagnes, et les retenir au sol natal, arrêter ainsi l'exode vers les villes, tel est le but que se proposent d'atteindre les amis de la dentelle (3).

Mais les difficultés techniques (4) que présente le travail dans certains cas (il faut 4 ou 5 ans d'apprentissage pour les points de France) ; les faibles salaires que reçoivent les ouvrières; la concurrence des dentellières de Belgique, d'Irlande, de Venise dont les produits envahissent nos marchés, tout cela ne laisse point entrevoir que l'enseignement techni-

prospère et se maintient encore, sur la demande qui en serait faite par les municipalités intéressées — En dehors des départements de la Haute-Loire, du Calvados, de l'Orne, ces communes sont celles des régions de Bailleul (Nord), de Mirecourt (Vosges), de Luxeuil (Haute-Savoie), de Tulle (Corrèze), d'Arlanc (Puy-de-Dôme).

(1) Engerand, *op. cit.*, p. 150.

(2) L. Rivière, Les Formes nouvelles de l'Assistance par le Travail, 1906.

(3) Rapport Ch. Dupuy.

(4) Dans la dentelle polychrome de Courseulles-sur-Mer, les difficultés d'exécution semblent accumulées à plaisir. « L'échantillonnage est un travail de tâtonnement long et délicat. On doit assortir les soies d'après les indications du dessin, et comme il y a des couleurs que l'action de la lumière décompose, il convient de trouver leur équivalent par des combi-

nique de la dentelle puisse donner tous les résultats que certains en attendent (1).

***

Pour donner, d'une façon générale, plus de force à l'instruction professionnelle, pour la rendre plus accessible à la classe ouvrière, on parle depuis quelques années d'organiser en France un enseignement technique obligatoire, comparable à celui de l'Allemagne.

Ici, dans la plupart des états, et la mesure tend à se généraliser, le jeune garçon placé comme apprenti est tenu de suivre des cours professionnels. Il en est de même pour la jeune fille. Ainsi dans le Grand-Duché de Bade, la jeune fille qui à la sortie de l'école

naisons de nuances éprouvées ; ainsi trois tons différents sont exigés pour composer un vert durable ; pour le violet il faut mêler au violet ordinaire un violet blanc et un violet rose ; c'est donc trois soies différentes, torses ensemble, que l'on placera sur un seul fuseau et qui feront l'office d'un seul fil. On conçoit aisément la difficulté et la lenteur d'un travail...

Le travail d'exécution est à l'avenant et marque le plus haut degré de l'habileté technique professionnelle. Il faut une main experte pour donner au tissu l'énergie et la consistance nécessaires ; une extrême prudence est nécessaire dans le maniement des soies, car les couleurs, avant d'être combinées, sont extrêmement fragiles. Certaines haleines pourraient même en ternir l'éclat et compromettre l'homogénéité d'une pièce entière.... enfin l'attention doit toujours être en éveil ; les yeux ne doivent pas quitter le métier ; le calcul des points se complique ici du déplacement des couleurs et la moindre erreur, sans conséquence dans la dentelle ordinaire, ferait manquer tout un morceau. » Dans Engerand — *La dentelle aux fuseaux en Normandie*.

(1) *Le Temps*, 19 juin 1900 ; La fête de la dentelle aux Tuileries.

(14 ans) entre en apprentissage, doit suivre un an au moins, 3 heures par semaine, les cours des *classes de continuation*. L'employeur qui se refuserait à lui accorder le temps nécessaire pour recevoir cette éducation serait passible d'amendes (1).

Les classes de continuation donnent un enseignement semi-professionnel, semi-domestique (2).

Un avant-projet de loi sur l'enseignement technique en France destiné à rendre cet enseignement plus profitable à la classe ouvrière, est actuellement à l'étude.

(1) Avant-projet de Loi sur l'Enseignement technique — Ministère du commerce, *op. cit.*

(2) Report on Technical education... for girls at home and abroad, publication de the *Women's Industrial Council*. Indépendamment des écoles de continuation, l'Allemagne possède des écoles techniques remarquables, dont les principales sont celles de Berlin, Cassel, Leipzig, Breslau, Augsbourg, Munich, etc.

CHAPITRE II

La réglementation du travail.

I. Origines de la législation ouvrière. L'interventionisme est préconisé au XIXe siècle, par les saint-simoniens et les philanthropes. Il n'aboutit pour l'ouvrière, que sous la IIIe République. — II. *La législation du travail féminin.* Ses principaux dispositifs. — III. *L'application des Lois.* La loi est généralement obéie dans la grande industrie. Elle est mal appliquée dans la petite industrie. Elle présente un grand inconvénient actuellement : elle développe l'industrie à domicile.

1° ORIGINES DE LA LÉGISLATION DU TRAVAIL

Dès la première moitié du XIXe siècle, le régime de la liberté du travail, qui coïncidait avec l'organisation de la grande industrie en France, avait entraîné un certain nombre d'excès préjudiciables aux travailleurs. Aussi bien, la nécessité d'une nouvelle réglementation du travail qui remplacerait les mesures protectrices du régime corporatif, se fit-elle sentir. Les saints-simoniens et les philanthropes furent les premiers, qui mirent en lumière l'existence misérable des ouvriers et des ouvrières d'usines, et demandèrent pour les travailleurs une protection légale.

On ne mit d'abord en avant que la protection du travail des enfants.

Quelques patrons humanitaires, qui faisaient partie de la *Société des Industriels de Mulhouse*, adressèrent, en 1840, un Mémoire au gouvernement dans lequel ils réclamaient l'intervention des Pouvoirs Publics pour secourir l'enfance ouvrière, réprimer les abus auxquels elle était soumise. Dans le même temps, M. de Villermé présentait à l'Académie des Sciences Morales et Politiques le rapport dont elle l'avait chargé sur « l'État physique et moral de la classe ouvrière », et il aboutissait à des conclusions dans le même sens.

Pourtant, la chambre des Pairs ne vota qu'à grand' peine la loi de 1841 qui visait cette seule catégorie de travailleurs : *les enfants employés dans les manufactures*. Elle tolérait que les enfants de 8 ans fussent admis à travailler dans les fabriques, à condition que la durée de leur labeur ne pût être prolongée à cet âge, au-delà de 8 heures.

La réforme était modeste et la France n'innovait point. L'Angleterre, depuis 1802, avait adopté un bill qui protégeait l'enfance. Par la loi de 1833 elle réglementait le travail des enfants et des adolescents des deux sexes.

Si peu révolutionnaire que fût le nouveau principe établi, il n'aurait peut-être pas été voté, si aux puissantes exhortations des philanthropes, n'étaient venues se joindre celles de gens que l'on traita d'abord de visionnaires : les socialistes.

Défenseurs de tous les faibles asservis au nouveau régime économique, hommes, femmes et enfants de la classe ouvrière, tous également malheureux, ce sont eux qui ont fait la propagande la plus active sous le gouvernement de Juillet, comme sous la

République de 48, pour améliorer la situation des travailleurs.

L'un des leurs, Pierre Leroux, dès 1831, faisait paraître le manifeste de la première école socialiste française, celle des Saint-Simoniens, dans le journal *Le Globe*. Il y était dit : « Toutes les institutions sociales doivent avoir pour but l'amélioration du sort moral, physique et intellectuel de la classe la plus nombreuse de la population. » Un certain nombre de journaux, soit à Paris, soit en province, répandaient les aspirations généreuses de la nouvelle doctrine : *l'Avenir*, *l'Artisan*, *la Révolution de 1848*, *le Bien Public* (1); des brochures, des livres, des conférences diffusaient le Saint-Simonisme. Il n'était point sans action. Ainsi la *Gazette*, journal gouvernemental, constate que les opinions des Saint-Simoniens « qui sont le renversement de l'hérédité et de la propriété en France, deviennent aujourd'hui le fond de toutes les discussions sur la politique (2). »

La presse ministérielle, qui avait d'abord dédaigné les opinions du *Globe*, les réfute.

Parmi les classes éclairées surtout, le socialisme fait des adeptes. Sous le règne de Louis-Philippe on commence à afficher de la sympathie pour les ouvriers. Pour donner satisfaction à l'opinion publique, on a créé au Conservatoire des Arts et Métiers des cours d'adultes, à l'usage des ouvriers, afin de les instruire sur les questions du travail (3).

(1) Mataja : Les origines de la Protection ouvrière en France *Revue d'économie politique*, 1895-1896.

(2) Charléty. Le Saint-Simonisme, p. 146.

(3) Wolowski traitait : *la Condition et la Vie légale des Travailleurs;* le baron Dupin : *la Statistique industrielle;* Blanqui : *l'Économie politique militante.*

En 1847, sous la pression des idées nouvelles, le baron Dupin apporte à la Chambre des Pairs un projet de loi qui englobe parmi les travailleurs protégés les enfants et les femmes travaillant dans les fabriques.

C'est la première tentative d'intervention des Pouvoirs publics faite en France, en faveur de l'ouvrière. Mais le régime du « laissez-faire » devait encore se prolonger. La Révolution de 48 interrompit la discussion du projet de loi. On aurait pu espérer qu'elle serait reprise par le nouveau gouvernement, favorable à toutes les réformes sociales. En effet, le gouvernement provisoire, dont faisait partie Louis Blanc, avait immédiatement proclamé la limitation de la journée de travail de l'ouvrier, « considérant qu'un travail trop prolongé non seulement ruine la santé du travailleur, mais encore, en l'empêchant de cultiver son intelligence, porte atteinte à la dignité de l'homme ».

Cependant, la limitation légale de la journée de travail ne fut pas décrétée. Une mésintelligence survenue entre Wolowski, rapporteur du projet de loi sur le travail des femmes, et les membres du gouvernement provisoire, le tint en suspens.

C'est la IIIe République seulement qui devait le faire aboutir en l'élargissant; c'est elle qui allait jeter les fondements de la protection légale de l'ouvrière.

L'un des premiers actes de la IIIe République fut de voter une loi — la loi de 1874 — réglementant le travail des femmes dans l'industrie, qui devait enrayer la plupart des abus constatés sous les précédents régimes. En fait, cette loi était surtout un gage de bonne volonté donné par le gouvernement aux classes laborieuses. Bien qu'elle s'appliquât aux enfants et aux femmes, elle ne pouvait avoir d'action parce qu'elle n'avait pour ainsi dire pas prévu de contrôle (1).

Cependant, un mouvement interventioniste, faible d'abord, allait toujours augmentant.

Il reprenait la tradition créée par les philanthropes et les Saint-Simoniens au milieu du XIXe siècle.

Les socialistes, dans leurs congrès (2), demandaient que l'État, par une législation industrielle, protégeât tous les travailleurs; des hommes d'opinions modérées comme Jules Simon et M. de Mun (3), s'attachaient également à démontrer, au Parlement, l'utilité d'une intervention de l'État pour veiller sur les faibles, les enfants et les femmes.

En 1892, la propagande en faveur de l'ouvrière donna un premier résultat. *La loi du 2 novembre 1892 sur le travail des enfants, des filles mineures et des femmes dans les établissements industriels, fut votée.*

Puis, vinrent successivement *la loi de 1893 sur l'hygiène et la sécurité des travailleurs;* celle *de 1898 sur les accidents de travail;* celle *du 30 mars 1900 portant modification de la loi de 1892.*

En réalité, la série de mesures de protection, édictées par l'État en faveur de l'ouvrière, est encore assez limitée.

Cette législation industrielle fixe l'âge minimum d'admission à l'usine et à l'atelier; elle détermine la durée maximum de la journée de travail; elle prescrit les conditions d'hygiène et de sécurité qui doivent régir les locaux où l'ouvrière travaille. Mais elle n'intervient en aucun cas directement dans la fixation du salaire. D'autre part, elle ne s'applique

(1) Loi de 1874.
(2) Léon BLUM. *Les Congrès ouvriers et socialistes français.*
(3) Max TURMANN. *Le développement du Catholicisme social.* (Paris, F. Alcan).

qu'aux femmes occupées à l'usine ou à l'atelier. L'ouvrière à domicile ne bénéficie pas de cette réglementation.

Ces réserves faites, recherchons maintenant quels sont les avantages conférés par la législation industrielle à l'ouvrière protégée.

2° LA LÉGISLATION DU TRAVAIL

D'abord elle ne peut plus entrer à l'usine ou à l'atelier comme jadis à 8 ans, âge où il est vraiment inhumain d'imposer à l'enfant un travail industriel. C'est seulement à l'âge où l'enfant doit, normalement, avoir obtenu le certificat d'études primaires — à 12 ou 13 ans — qu'elle peut se mettre à l'ouvrage (1).

D'après la loi du 2 novembre 1892, elle devait y demeurer au maximum 10 heures par jour jusqu'à l'âge de 16 ans ; de 16 à 18 la durée hebdomadaire du travail ne devait pas dépasser 60 heures. A partir de 18 ans, elle pouvait y rester 11 heures par jour (2).

Depuis la loi du 30 mars 1900, le travail quotidien ne doit pas excéder 10 heures, quel que soit l'âge de l'ouvrière.

En principe, elle ne doit plus travailler la nuit (3) parce que le travail de nuit ruine la santé des femmes, et qu'il désorganise la vie de famille. Nous ver-

(1) Art. 2 loi de 1892.
(2) Art. 3. loi de 1892.
(3) Extrait des rapports présentés par les Inspecteurs du Travail en 1900 sur la *Question de l'interdiction du travail de nuit.*
Pour les jeunes filles, c'est aussi l'éducation de famille détruite et, après la promiscuité de l'atelier, la rue déserte avec ses rencontres et ses embûches, et tout au bout la prostitution.

rons cependant qu'il est des exceptions à cette règle.

La loi prescrit également une interruption dans le travail une fois par semaine. Avant même que la loi récente sur le repos hebdomadaire ne fut votée (1), la loi de 1892 prescrivait pour les enfants et les femmes un congé hebdomadaire fixé généralement au dimanche, pour permettre de prendre en famille quelque repos et de vaquer aux soins du ménage.

Voilà les principales prescriptions au point de vue de la durée du travail.

Relativement à l'hygiène et à la sécurité, la législation ouvrière a des dispositifs nombreux.

« Pour les femmes, c'est l'obligation de laisser le foyer désert au moment où le mari rentre, c'est l'abandon des enfants livrés à des soins mercenaires ou à eux-mêmes, c'est pour tout le personnel féminin l'anémie et la prédisposition à toutes les infirmités qui guettent la femme. Enfin la culture intellectuelle est interdite à tous les travailleurs, quels que soient leur âge et leur sexe.

« Lors de la discussion de la loi du 2 novembre 1892, l'Académie de médecine fut consultée sur les conséquences du travail de nuit au point de vue de l'hygiène. Le docteur Rochard, au nom d'une commission dont faisaient partie MM. Brouardel, Proust et Tarnier, fit ressortir ainsi qu'il suit ces inconvénients qui résument la question :

« La privation de sommeil est l'une des plus pénibles qu'on puisse endurer, elle devient plus cruelle encore lorsqu'il s'y joint un travail monotone et fatigant par les répétitions des mêmes mouvements, mais il est bien évident que les enfants, dont les forces physiques n'ont pas atteint leur complet développement, que les femmes dont les organes sont plus délicats en souffriront plus que les hommes faits, elle est surtout fatale à la santé des femmes : A ce régime elles maigrissent, s'anémient, et bientôt tous les désordres normaux qu'entraine l'appauvrissement du sang se succèdent et s'enchainent en même temps que leur vue s'affaiblit et s'altère par ce travail accompli pendant de longues heures à la lumière vacillante du gaz.

(1) Art. 5.

Dans la petite industrie, pendant la durée du travail, des ventilateurs doivent assurer l'aération des ateliers (2) ; pendant les heures de suspension du travail, on doit faire évacuer les salles de travail, et renouveler l'air par les fenêtres ouvertes toutes grandes (3).

Dans la grande industrie, indépendamment de toutes ces prescriptions, des mesures spéciales doivent assurer la sécurité, prévenir tous les accidents que l'on peut prévoir.

Des appareils d'invention récente, hottes, cheminées d'appel, doivent recueillir, canaliser, faire disparaître au dehors les matières ténues, les gaz délétères qui se dégagent pendant la mise en œuvre de certaines substances. D'autres appareils permettent d'abaisser la température des filatures de 35° à 15° (4).

Dans les usines, les machines doivent être entourées de grillages et de barrières ; il faut que les femmes au travail aient des robes ou des tabliers ajustés pour que la jupe ne soit pas hapée au passage, par

« Lorsqu'elles sont mères, leur lait se tarit et la santé du nourrisson déjà fortement compromise par leur absence continuelle est définitivement sacrifiée. Dans le jour elles ont la ressource de les déposer à la crèche, mais celle-ci ferme le soir et l'enfant reste jusqu'au lendemain dans son berceau, sans soins et sans nourriture.

« En se tenant, bien entendu, sur le terrain de l'hygiène, l'Académie réclame qu'une loi qui autoriserait les femmes à travailler la nuit dans les manufactures, usines et ateliers, aurait pour leur santé les conséquences les plus désastreuses. »

(2) Loi de 1893 et décret du 10 mars 1894 en application de cette loi.

(3) Loi de 1893 et décret du 10 mars 1894 en application de cette loi.

(4) Décret de 1894.

un engrenage et qu'avec elle un membre ne soit arraché, ou le corps entraîné (1).

Quand des matières dangereuses sont mises en œuvre, défense est faite aux femmes de participer à leur manipulation. La préparation d'un grand nombre de produits chimiques leur est ainsi interdite. Le chlore, le bleu de Prusse, qui font courir des risques d'empoisonnement, sont de ceux-là. Il en est de même pour le nettoyage des poils de lièvre et de lapin, ainsi que pour la préparation des allumettes au phosphore blanc qni détermine la nécrose (2).

Une liste des travaux interdits aux femmes de tout âge, peut s'accroître du fait de règlements publics).

En vertu de la loi sur les accidents du travail, dont les dispositifs s'appliquent également aux femmes, l'employeur doit à l'ouvrière une indemnité sous forme de rente plus ou moins élevée, selon que l'incapacité de travailler est complète ou partielle. Dans le cas de décès, une rente revient à ses héritiers (3).

Mais à côté de ces excellentes mesures protectrices, il est certaines tolérances dont les conséquences sont fâcheuses et dont la suppression n'était pas impossible.

L'ouvrière peut encore travailler la nuit : même la veillée (4) c'est-à-dire, dans le langage administratif, le *travail effectué entre 9 heures et 11 heures du soir*, n'est pas supprimée.

(1) Décret de 1894.

(2) Loi de 1892, art. 12.

(3) Loi du 9 avril 1898, concernant les responsabilités des accidents dont les ouvriers sont victimes dans leur travail.

(4) Définition empruntée aux rapports des Inspecteurs du travail, p. XXXVI, 1899.

Parmi ces exceptions légales, il en est qui ont un caractère permanent, d'autres un caractère temporaire. Les unes permettent à l'ouvrière de travailler tous les jours ouvrables, la nuit : elles sont applicables aux industries où le travail ne peut, dit-on, être suspendu (1).

Telles sont, d'une part, les industries des usines à feu continu suivantes :

Distilleries de betteraves;
Fabrique d'objets en fer et fonte émaillée;
Usines pour l'extraction des huiles;
Fabriques et raffineries de sucre;
Verreries.

Et d'autre part les industries ci-dessous mentionnées :

Coulage et séchage de l'amidon de maïs;

INDUSTRIES	DURÉE TOTALE des dérogations.
	jours.
Confiserie	90
Conserves alimentaires de fruits et légumes.	90
Conserves de poissons	90
Délainage des peaux de moutons	90
Parfums des fleurs (Extraction des)	90

Brochage des imprimés;
Pliage des journaux;
Allumage des lampes des mines.

Les autres exceptions, qui ont un caractère temporaire, tolèrent les veillées; elles sont destinées à

(1) Décret du 15 juillet 1893 relatif aux exceptions des tolérances prévues par les articles 4, 5, 6, 7 de la loi du 2 novembre 1892.

favoriser les industries dites « saisonnières » où il se produit de la presse à certaines époques de l'année, comme à l'atelier de couture; ou bien, elles s'appliquent aux industries où la mise en œuvre de certains produits altérables ne peut être interrompue : la préparation des conserves de poissons sont dans ce cas.

La loi admet des tolérances parfois pendant 60 jours par an, parfois pendant 90 jours (voir tableau ci-dessus); parfois même toute limite est supprimée (p. 8.)

Un service spécial de l'État a été créé en vue d'assurer le contrôle de l'exécution des lois protectrices du travail. C'est le Service de l'Inspection du Travail, dont les agents pénètrent librement dans les établissements industriels et ont le droit de dresser procès-verbal en cas de contraventions aux lois et règlements.

Une partie de ce personnel se compose de femmes, d'inspectrices, qui sont plus particulièrement préposées à la surveillance des établissements dont le personnel est exclusivement féminin.

3° L'APPLICATION DES LOIS.

La législation ouvrière a donné une série d'heureux résultats.

En premier lieu, la durée de la journée de travail a été abaissée — surtout depuis la loi du 30 mars 1900 — et cela, d'ailleurs, sans qu'il y ait eu détriment pour l'industrie.

En 1900 (1) M. Motte, grand industriel du Nord,

(1) *Association pour la protection légale des travailleurs* (section française), 1905. p. 85. (Paris, F. Alcan).

disait qu'il n'y a pas d'inconvénient, pour l'industrie cotonnière à ramener à 10 heures la durée de la journée de travail (1). De leur côté, les inspecteurs du travail sont unanimes à déclarer que l'adoption d'un outillage perfectionné a rendu possible, sans diminuer la production, l'application de la journée de 10 heures. Ainsi non seulement la journée de 10 heures est bienfaisante pour l'ouvrier, mais encore, en renouvelant l'outillage, elle améliore notre industrie.

En second lieu, le système des équipes tournantes, qui désorganisait la vie ouvrière, a pris fin. « Depuis la loi Millerand-Colliard, qui a supprimé les relais, et établi la simultanéité des repos, le père, la mère et les enfants qui travaillent ensemble prennent toujours ensemble le repas du milieu du jour et celui du soir, lorsque le père ne travaille pas la nuit (2).

Si l'on envisage la situation au point de vue de la salubrité et de la sécurité, le progrès est encore sensible. Nous avons vu que toutes les usines textiles sont loin d'être des usines-modèles et que dans beaucoup d'entre-elles, les conditions d'hygiène sont encore fort défectueuses. Cependant on peut noter que si dans les Vosges et la région Normande les améliorations sont lentes à s'accuser, dans le Nord, à Roubaix, à Tourcoing, il en est tout autrement. Dans un grand nombre de cas, l'évacuation des poussières est assurée dans les carderies et il en est de même pour l'abaissement de la température et le renouvellement de l'air dans les filatures (3). Quelques fabriques suivent de près les derniers perfec-

(1) Voir Rapports 1900-1905.
(2) Rapports 1901, p. LII.
(3) Rapports 1904, p. 89-90.

tionnements de la science. Ainsi l'inspecteur de Creil signale la réalisation d'un grand progrès dans une filature de laine : « On sait, dit-il, qu'il faut pour mener à bien le travail, une certaine température, et un état hygrométrique donné, et que ces conditions sont généralement réalisées par des jets de vapeur d'eau qui rendent l'atmosphère lourde, déprimante, en un mot, très malsaine. On a remédié à tout cela en installant, pour élever la température, des radiateurs, et pour obtenir l'humidité nécessaire, une pulvérisation d'eau froide par deux jets d'eau sous pression de 7 kilogrammes, qui viennent se briser et s'éparpiller en gouttelettes liquides. Ce système a donné d'excellents résultats et les ouvriers s'en déclarent très satisfaits, car leur travail est ainsi rendu plus actif et moins pénible (1). »

Cela montre ce qui peut être réalisé dans ce domaine (2).

ANNÉES	NOMBRE D'ACCIDENTS Hommes, femmes, enfants organes de transmission.
1901.	2,282
1902.	2,067
1903.	1,963

Depuis la loi de 1898, qui rend l'employeur responsable, on a pu constater une diminution dans le nombre des accidents, due à ce que les organes de transmission, machines-outils, métiers, etc., sont

(1) Rapports 1904, p. CXXIX.

(2) A Roubaix, les progrès que nous avions signalés se sont encore accentués, grâce à la persévérance de l'inspecteur et à la bonne volonté des industriels... Les résultats obtenus sont tels qu'ils ont frappé les membres de la Commission d'en-

mieux protégés et à ce que les appareils de levage sont munis de garde-corps.

Les chiffres ci-dessus sont frappants : (région Normande).

Les chiffres suivants le sont également.

ANNÉES	NOMBRE D'ACCIDENTS Hommes, femmes, enfants appareils de levage.
1901.	4,809
1902.	3,862
1903.	3,674

Rappelons enfin que les ravages causés par le phosphore blanc ont été supprimés par la loi prohibitive.

Malheureusement, après avoir constaté les bons effets de la protection légale, il nous faut maintenant signaler ses insuffisances et ses lacunes.

Dans la petite industrie, le contrôle, d'une façon générale, est rendu difficile, principalement par le fait du très grand nombre d'ateliers qui sont à visiter, du nombre relativement restreint d'inspecteurs et d'inspectrices chargés de ce service. En 1902, on signalait que plus de 80.000 établissements, y compris il est vrai les boutiques et magasins (1), demeuraient en dehors de toute inspection. La loi peut donc, dans bien des cas, rester inappliquée.

Les exceptions ou « tolérances » admises par la loi

quête parlementaire sur l'industrie textile lesquels se sont déclarés émerveillés du degré de perfectionnement de l'outillage, des mesures d'hygiène et de sécurité.

(1) Rapports 1902, p. p. XVII.

sont également une cause de difficulté de contrôle et d'inobservation des prescriptions légales. Un exemple frappant de ce fait nous est donné par l'application des tolérances relatives à la veillée, dans les ateliers de couture.

Pour la femme, cette espèce de travail de nuit qui a nom veillée, est *un fléau* tant au point de vue individuel qu'au point de vue social. C'est pourquoi la loi du 2 novembre 1892 *avait supprimé en principe le travail de nuit*. Mais, pour se conformer aux soi-disant exigences de l'industrie, on a toléré que « pendant 60 jours par an le travail des femmes et des filles âgées de plus de 18 ans puisse être prolongé jusqu'à onze heures du soir, pourvu toutefois que la durée de la journée de chaque ouvrière ne dépasse jamais 12 heures » (décret du 15 juillet 1893 art. Ier).

Cette concession faite par le législateur a laissé la porte ouverte à l'arbitraire de l'employeur et a rendu la loi, pour ainsi dire, lettre morte ainsi qu'on va s'en rendre compte.

Les industriels auxquels le droit de veiller a été maintenu sont tenus de prévenir l'inspecteur par l'envoi d'une lettre ou d'un télégramme, avant le commencement du travail exceptionnel (1). C'est pour que celui-ci puisse tenir état du nombre de jours restant à courir, avant que l'industrie ait épuisé le crédit accordé par la loi ; afin qu'il puisse également s'assurer que l'industriel, au point de vue de la durée du travail, ne contrevient pas aux lois. Le *préavis*, ainsi nomme-t-on cette communication, soulève la première difficulté d'application des tolérances relatives à la veillée. En effet, il part le jour même où l'on veille.

(1) Rapports 1896, p. XIX et p. 10.

Or, la visite de l'inspecteur n'est possible que si la lettre a pour point d'origine le chef-lieu de la résidence de l'inspecteur (1). Dans le cas contraire, la contravention a pu se produire avant que l'inspecteur n'ait pu se présenter.

Mais le *préavis* n'est que le prélude de difficultés bien plus grandes. La plus grosse de toutes consiste à pénétrer dans les ateliers *passé 9 heures le soir, pour s'assurer que la loi n'est pas violée* (2).

D'après la jurisprudence, les inspecteurs du travail peuvent, pour l'accomplissement de leur mission, pénétrer à toute heure du jour et de la nuit dans les établissements *où le travail est organisé pendant le jour et pendant la nuit*; mais lorsqu'il s'agit d'établissements où le travail *n'est organisé que pendant le jour*, les inspecteurs du travail ne peuvent, sans violer le principe de l'inviolabilité du domicile, y pénétrer pendant la nuit (après 9 heures le soir), dans le seul but de les visiter, à l'effet de rechercher s'il ne s'y commet pas une contravention aux prescriptions de la loi du 2 novembre 1892. Ils ne le peuvent que lorsqu'ils ont recueilli des indices leur permettant de croire à une contravention du travail. « Mais ce droit ne peut leur être reconnu que sous le contrôle des tribunaux auxquels il appartient d'apprécier si, à raison des présomptions de fraude à la loi résultant de circonstances de faits relatives au procès-verbal ou régulièrement établies, la réquisition d'ouverture de l'établissement a été légalement faite, et si le refus d'y obtempérer a constitué une infraction tombant sous le coup de l'art. 29 de la loi du 2 novembre 1892 (3). »

(1) Rapports, 1898 p. 73.
(2) Rapports, 1895, 1896, 1898 et suivants.
(3) DALLOZ, 1903.

D'ailleurs, voici notre inspecteur qui a pu *recueillir les indices d'une contravention*. Va-t-il pouvoir dresser procès-verbal? Souvent « les grandes couturières sont installées aux étages supérieurs des maisons bourgeoisement habitées et leurs ateliers donnent sur la cour. Les appartements privés et les salons d'essayage ont seuls vue sur la rue. Pas de lumière aux fenêtres pour trahir la fraude; pas de sonnette. Le concierge habite à l'entresol et souvent il existe un escalier de service permettant aux ouvrières de se sauver d'un côté, si l'on parvient à monter de l'autre (1). » « Ici, les ateliers sont au 2e ou 3e étage, bien qu'il y ait de la lumière personne ne répond, dit un inspecteur parlant d'un cas original, et la patronne donnait le lendemain *pour raison qu'elle était sortie* la veille, et qu'elle avait pour habitude de laisser une lampe allumée dans son atelier, lorsqu'elle sortait, ne pouvant s'habituer à prendre des allumettes pour s'éclairer à son retour (2). » Le plus souvent on fait attendre à la porte pour donner le temps aux ouvrières de s'en aller (3). « Quelle solution donner à une visite de nuit, quand, après avoir inspecté l'atelier, le désordre seul d'une pièce abandonnée précipitamment vous indique qu'elle était occupée il y a un instant ? Que répondre aux obséquieuses paroles de la maîtresse de l'atelier vous invitant à exercer votre mandat, quand vous entendez le frôlement des robes derrière une cloison, les chuchotements des ouvrières abritées par *l'inviolabilité du domicile personnel* qui est toujours situé dans l'immeuble et où la prudence la plus grande est nécessaire pour ne pas commettre d'indiscrétions blâmables. »

(1) Rapports 1902, p. LX.
(2) Rapports 1898, p. 363.
(3) Rapports 1900, p. 469.

« Que conclure, lorsque cette constatation faite : vide complet des ateliers, vous persistez à exercer votre surveillance en attendant au dehors le départ des ouvrières? Vous voyez celles-ci monter en voiture, reconduites à leur domicile par les soins de la patronne qui, pour éviter le procès-verbal, les traite en amies, et préfère les frais d'une course en voiture aux frais qu'entraînerait une poursuite (1)? »

En réalité, le contrôle n'est possible que si l'inspecteur est mis à la piste d'une contravention par une dénonciation (2). L'ingéniosité patronale prise en défaut donne lieu alors à des scènes comiques. C'est ainsi qu'une inspectrice ayant la certitude que les ouvrières étaient encore dans la maison, les trouva dans les salons, blotties derrière les meubles, et dissimulées derrière un rideau dans un cabinet attenant à une chambre à coucher (3). Quelquefois la scène, malheureusement, tourne au tragique : c'est lorsqu'on oublie dans les placards les jeunes ouvrières qui y ont été enfermées précipitamment au signal d'arrivée de l'inspecteur et que la mort s'en suit (4).

Dans les cas très rares, on le conçoit d'après ce qui vient d'être rappelé ici, où le service de l'Inspection peut faire son devoir, il est en général très mal

(1) Rapports 1899, p. 498.
(2) Rapports 1902, p. 214.
(3) Rapports 1898, p. 457.
(4) « C'était un samedi soir, dans les ateliers d'un couturier universellement célèbre. Les ouvrières veillaient. La mère Loi (c'est ainsi que l'on nomme l'inspection du travail dans les ateliers de couture et de modes parisiens) se fait soudain annoncer; et aussitôt on cache dans les placards et les armoires trottins et couturières. L'une des plus jeunes — elle avait 13 ans — ne rentra pas ce soir-là au domicile paternel. Les parents s'inquiètent, font des recherches, mais en vain.

secondé par les parquets qui « classent » l'affaire (1). On peut dire, en un mot, que toutes les prescriptions légales, en ce qui concerne les tolérances de la veillée, sont illusoires.

Lorsque les prescriptions légales peuvent être contrôlées par le service de l'Inspection, la loi n'est pas pour cela toujours scrupuleusement appliquée. Ainsi les inspecteurs du travail ont pu se rendre compte à maintes reprises, que les conditions d'hygiène à l'atelier de couture sont insuffisantes, que le cube d'air minimum imposé par la loi n'est souvent pas obtenu.

Parcourez d'année en année les rapports des inspecteurs, ce sont toujours les mêmes remarques : le nombre des ouvrières est trop élevé pour les dimensions des salles (2), ou bien encore : c'est dans les ateliers de couture qu'on trouve les cubes d'air les plus restreints (3). Les contraventions seraient peut-être moins fréquentes si *les sanctions dont disposent les inspecteurs étaient plus sévères.*

Une amende de 5 à 15 francs (4), infligée par un tribunal de simple police, telle est, en général la seule pénalité imposée à l'industriel pris en faute.

Enfin, la législation industrielle, sous sa forme actuelle, n'est pas sans présenter un grand inconvé-

Or le lundi matin, dans un des placards de la grande maison on retrouva le cadavre de la fillette. On l'avait simplement oubliée dans sa cachette pendant 36 heures, et elle y était morte étouffée.

« Le patron obtint le silence des parents moyennant la forte somme. Ils avaient tellement d'enfants ! » (D'après le *Courrier Européen*, juin 1906.)

(1) Rapports 1902, p. 147.
(2) Rapports 1900, p. 118.
(3) Rapports 1901, p. 75.
(4) Loi du 2 novembre 1892, art. p. 26

nient : réglementant et par suite grevant toute production industrielle sauf la production à domicile, elle confère en quelque sorte, par une voie détournée, une prime à cette industrie ; d'autre part le refoulement du travail vers la sphère du travail à domicile se trouve favorisé dans certains cas, par les perfectionnements techniques qui permettent de concilier les avantages d'un certain machinisme avec ceux qui résultent de la situation privilégiée faite par la loi à l'industrie à domicile.

Dans l'industrie textile, par exemple, à l'aide de petits moteurs mécaniques, le travailleur peut exécuter chez lui le travail de la bonneterie, tout aussi bien qu'à l'atelier.

Le procédé mécanique de la division du travail appliqué à l'industrie de la confection, qui fait passer le vêtement des mains de l'entrepreneur dans celles des diverses ouvrières, exécutant chacune une tâche parcellaire, le plus souvent avec la machine à coudre, donne de bons résultats au point de vue de la production industrielle.

Par l'organisation du travail en chambre, l'industriel évite tous les frais généraux d'installation, de chauffage, d'éclairage, etc ; il évite la gêne de la réglementation, il paye même à des prix dérisoires — à des tarifs inférieurs à ceux de l'atelier — la main-d'œuvre.

Mais les abus que le législateur s'est efforcé de faire disparaître de l'usine et de l'atelier pour protéger les travailleurs, renaissent au foyer. En voici un exemple typique. « Un industriel avait été condamné pour avoir employé, dans une fabrique de lingerie du Nord, des enfants en sous-âge, des filles âgées de moins de seize ans au travail des machines à coudre mues par des pédales. Aussitôt après le prononcé du jugement, l'atelier qui occupait une trentaine de femmes et de filles fut licencié; les machines furent transportées chez les ouvrières, et depuis lors des petites filles de dix, douze ans, purent travailler impunément avec leur mère et leurs sœurs, de douze à quinze heures par jour. »

Depuis plusieurs années déjà on a remarqué le développement que prennent les industries à domicile, surtout la confection, non seulement à Paris, mais encore en province où la main-d'œuvre est à si bas-prix « les industries féminines s'éloignent du centre de Paris et sont confiées à des entrepreneuses distribuant l'ouvrage en chambre : ainsi en est-il pour la confection, les fleurs, la broderie, la passementerie et même pour la lingerie de luxe (1) ».

Dans le Nord, les entrepreneurs qui occupaient les travailleurs dans leurs ateliers, ont transformé ceux-ci en magasins, et font effectuer l'ouvrage au dehors (2). Dans tout le pays minier, les femmes travaillent chez elles à la confection de vêtements pour hommes (3). A Lille, à certains jours, le travail préparé est apporté dans chaque commune par un livreur. Les ouvrières se rendent à l'auberge indiquée où se trouve le représentant de la maison ; il distribue le travail et paye celui qui est achevé (4).

Pour faciliter l'exécution de la bonneterie, les fac-

(1) Rapports 1898, p. 28-29. Renseignements recueillis au cours des investigations du service de l'inspection.

(2) Rapports 1895, p. 147.

(3) Aftalion, *op. cit.*, p. 690.

(4) Rapports 1900, p. 181.

« Chaque localité a son genre : les pantalons de drap, de coutil, la salopette, se font dans les régions minières à Annœulin, Doir, Sainghin, Hénin-Liotard, Alennes-les-Marais, Wavrin.

teurs de fabriques fournissent l'outillage nécessaire au travailleur.

C'est l'industrie textile proprement dite, immédiatement après la couture qui occupe le plus grand nombre d'ouvrières à domicile.

Dans le Pas-de-Calais, les batistes, les mouchoirs, la gaze s'achèvent dans l'atelier de famille. « Dans la circonscription du Nord, sur une population totale de 3.258.532 hommes, on compte 461.699 travailleurs en ateliers. Quelque nombreux que soient les établissements industriels, tout le travail n'y est pas concentré ; il y a en outre une quantité innombrable de travaux qui se font au domicile de l'ouvrier, en dehors de l'atelier. Ainsi, pour ne parler que de la fabrication des étoffes, les industriels, tout en ayant des établissements à personnel fourni, donnent encore de l'ouvrage à façon à une nombreuse clientèle de travailleurs (1). »

Au dernier congrès de l'Association pour la protection internationale des travailleurs (Genève *septembre 1906*), le rapporteur du gouvernement français constatait l'augmentation du travail à domicile dans les campagnes aux environs des grandes villes, en particulier dans les environs de Limoges, de Dijon, de Lille, de Rouen, Toulouse, Lyon, dans les départements de Saône-et-Loire et du Jura. L'on faisait observer également que l'augmentation est particulièrement sensible dans les industries du vêtement, de la lingerie et des industries du bois.

« Les grandes pièces se préparent de préférence à Bersse, Templeuve, Capelle, Pont-à-Marcq, Mérignies.

« Les gilets à Frétois, Templeuve etc. Dans le canton de Pont-à-Marcq, c'est le vêtement de drap ; à Armentières, c'est le coutil. » p. 70.

(1) Rapports 1897, p. 111-112.

Extension du travail à domicile, et du même coup extension du sweating-system, voilà l'une des conséquences de notre législation actuelle.

Liste des Industries
où les restrictions relatives à la durée du travail peuvent être temporairement levées.

(Décret du 15 juillet 1893).

Ameublement, tapisserie, passementerie pour meubles ;

Appareils orthopédiques ;

Bijouterie et joaillerie ;

Biscuits employant le beurre frais (Fabriques de) ;

Blanchisseries de linge fin ;

Boîtes de conserves (Fabriques de et imprimeries sur métaux pour) ;

Bonneterie fine ;

Briqueteries en plein air ;

Brochage des imprimés ;

Broderie et passementerie pour confections ;

Cartons (Fabriques de) pour jouets, bonbons, cartes de visites, rubans ;

Chapeaux (Fabrication et confection de) en toutes matières pour hommes et femmes ;

Chaussures ;

Colles et gélatines ;

Confections, coutures et lingeries pour femmes et enfants ;

Confections pour hommes ;

Confections en fourrures ;

Conserves de fruits et confiserie, conserves de légumes et poissons ;

Corderies en plein air ;

Corsets (Confection de) ;

Couronnes funéraires (Fabriques de);

Délainage des peaux de moutons;

Dorure pour ameublement;

Dorure pour encadrements ;

Établissements industriels dans lesquels sont exécutés des travaux sur l'ordre du Gouvernement et dans l'intérêt de la sûreté et de la défense nationales après avis des Ministres intéressés constatant expressément la nécessité de dérogation;

Filature, retordage des fils crépés, bouclés et à boutons, de fils moulinés et multicolores;

Fleurs (Extraction des parfums des);

Fleurs et plumes ;

Impression de la laine peignée, blanchissage, teinture et impression des fils de laine, de coton et de soie, destinés au tissage des étoffes de nouveauté ;

Imprimeries typographiques ;

Imprimeries lithographiques ;

Imprimeries en taille-douce;

Jouets, bimbeloterie, petite tabletterie et articles de Paris (Fabriques de);

Papier (Transformation du), fabrication des enveloppes, du cartonnage des cahiers d'école, des registres, des papiers de fantaisie ;

Papiers de tenture.

CHAPITRE III

Les Coopératives et l'Ouvrière.

Coopératives mixtes. — Coopératives féminines. — Les sociétés de consommation en Angleterre. — Coopératives socialistes françaises.

Si l'État est intervenu de nos jours dans les questions du travail pour en régler l'organisation à l'usine et à l'atelier, il s'est refusé nettement à participer d'une façon directe à la question du salaire. Ce sont les associations ouvrières, les coopératives de production (1) — et surtout les syndicats qui ont fait le principal effort pour obtenir quelques avantages au point de vue de la rémunération.

Les premières tentatives faites en France vers le milieu du XIXe siècle pour élever le niveau des

(1) 1° Les associations ouvrières bénéficient du legs Rampal réservé aux associations parisiennes : en 1897 il était de 1.111.000 francs.

2° De subventions inscrites au budget pour les associations ouvrières.

3° D'avantages dans les marchés des travaux publics pour le compte de l'État, des départements et des communes. Lois de 1893 — décret de 1888.

4° Elles sont dispensées du cautionnement jusqu'à 50.000 fr. A égalité de rabais, les associations ouvrières sont aussi préférées aux autres entreprises par l'État.

MM. Fagnot, enquêteur de l'Office du Travail, Manoury

salaires sont dues aux coopératives de production.

En principe, il n'est pas de moyen plus efficace pour atteindre ce but, puisque la coopération doit permettre aux divers associés de se partager les bénéfices de l'entreprise, qui, dans une exploitation patronale, reviennent à l'industriel. Mais, en fait, il en va tout autrement.

Depuis 1848, époque à laquelle le gouvernement provisoire vota un crédit de 3 millions pour favoriser le développement de ces sociétés et subventionna entre autres une association de lingères, le mouvement coopératif, s'il a été continu et n'a pas subi

Les Coopératives de Production
d'après le Bulletin de l'Office du Travail
(*décembre 1904*).

On en comptait.	245 au 1er juillet 1899.
— —	247 au 1er juillet 1900.
— —	294 au 1er juillet 1901.
— —	232 au 31 juillet 1902.
— —	335 au 31 juillet 1903.

d'interruption, n'a pas répondu du moins aux belles espérances que l'on fondait sur lui.

Les plus prospères même, parmi ces sociétés, n'ont pas d'existence brillante. Quant aux modestes

secrétaire de l'Union des associations coopératives de production, et Guillemin, secrétaire des coopératives socialistes de France, nous ont donné d'utiles indications sur la participation de la main-d'œuvre féminine dans les coopératives. Divers secrétaires, ou directeurs-gérants d'associations ouvrières de production ont bien voulu, également, répondre au questionnaire que nous leur avions adressé sur ce même sujet. Nous les remercions vivement les uns et les autres. Leurs renseignements nous ont été précieux pour la rédaction de ce chapitre.

avantages dont elles bénificient, ils sont plutôt le privilège des ouvriers que des ouvrières (1).

Il semble bien, en général, que dans la *Fédération des Associations ouvrières de production*, qui groupe les plus connues de ces sociétés, il règne un esprit antiféministe. Dans l'industrie du livre, du papier, par exemple, qui peuvent utiliser la main-d'œuvre féminine, les ouvrières ne sont pas, en règle générale, « associées », mais auxiliaires, c'est-à-dire qu'elles sont embauchées comme de simples ouvrières.

« Le principe de l'égalité des droits de l'homme et de la femme n'existait pas, disent certains coopérateurs, en guise d'excuse, au temps où se sont fondées nos associations (2). » Remarquons que l'une des plus anciennes date de 1869.

D'autres mettent en avant une autre raison : « les femmes ne peuvent payer les actions de membres fondateurs; elles n'en ont pas les moyens (3). »

En tant qu'auxiliaires, leur paye est généralement supérieure à ce qu'elle serait dans l'industrie patronale. « Ici (à Paris) elles gagnent en moyenne de 20 à 24 francs par semaine pour 45 heures de travail environ. » Il paraît que ces salaires sont de 25 pour 100 plus élevés que dans les maisons patronales. Cette société fait travailler seulement 12 ouvrières et cela seulement dans la bonne saison! Les coopératives n'occupent qu'un nombre infime de travailleurs.

L'une des plus anciennes associations ouvrières, *l'Imprimerie Nouvelle*, n'emploie que des ouvrières

(1) Voir : *Les Associations ouvrières de production :* publication de l'Office du Travail p. 332 et sq.

(2) De notre enquête particulière.

(3) De notre enquête particulière.

brocheuses. Elles travaillent aux pièces. Leur tarif est sensiblement plus élevé que celui des ateliers spéciaux de brochage, c'est-à-dire qu'il est généralement conforme à celui de la Chambre Syndicale parisienne. Sur les 60 ouvriers associés ou auxiliaires qui forment le personnel total de cette association, les femmes ne tiennent qu'une place insignifiante (1).

Quelques sociétés font preuve d'un esprit plus large que les précédentes. C'est le cas de la *Société Coopérative des Sacs en Papier* à Paris. La fabrication des sacs en papier est essentiellement un mauvais métier. Même en Angleterre (2), où cette production est des plus importantes, seules les plus misérables parmi toutes les femmes, celles qui sont dénuées de tout appui, consentent à se livrer à ce travail qui n'est pas difficile mais qui est payé d'une façon dérisoire.

C'est pour réagir contre une semblable situation, en donnant un exemple typique, qu'en France, à Paris, s'est organisée en 1892, la société coopérative des ouvriers et ouvrières en sacs en papier (3). En vendant ses produits aux différentes associations coopératives de consommation, la société a pu maintenir un certain chiffre d'affaires. En 1900, son personnel se composait de 19 femmes et de 3 hommes. Ici les ouvrières choisissent l'une d'entre elles pour les représenter au conseil de direction. « Malgré une diminution de 20 p. 100 sur le prix de vente, le salaire a été augmenté de 10 centimes pour 1000 sacs de

(1) De notre enquête particulière.

(2) *Women in the printing-trades by* J. Ramsay Macdonald, (1903).

(3) Ce sont des socialistes qui ont organisé cette coopérative dans le quartier de Plaisance.

tous modèles. Les ouvrières gagnent ainsi, pour une journée de 8 heures de travail environ, de 24 à 26 francs par semaine, salaire sensiblement plus élevé que dans les maisons patronales. »

A Grisolles (Tarn) *l'Association coopérative des fabricants de balais* fait preuve également d'un esprit de solidarité large. Cette société, qui n'a que trois ou quatre années d'existence, compte déjà plus d'une centaine de coopérateurs tant hommes que femmes. Là, chacun travaille à la tâche. Le travail des femmes consiste dans le triage de la paille, dans le nattage ou tressage du balai, enfin dans le cordonnage.

Les femmes infirmes ou très âgées font le triage de la paille et gagnent ainsi des journées de 1 franc ou 1 fr. 25. Le nattage et le cordonnage occupent le plus grand nombre d'ouvrières; les salaires sont un peu plus élevés pour ces dernières; elles gagnent selon leur dextérité entre 1 fr. 25 et 2 francs par jour.

Le travail des hommes est payé également à la tâche, de 1 fr. 75 à 3 francs par jour.

La différence qui existe entre les ouvriers et ouvrières travaillant pour les fabricants de Grisolles, et ceux qui adhèrent à l'association est la suivante : tandis que la coopérative paye 2 francs un travail donné, le patronat ne rétribue la même tâche qu'à raison de 1 fr. 75. D'autre part, tandis que la coopérative occupe de vieilles femmes aux travaux les plus grossiers, les plus simples, le patronat réserve toute la tâche pour les ouvrières dans la force de l'âge, qu'il occupe également aux travaux des champs (1). Les exemples que l'on vient de citer ne manquent certes pas d'être

(1) De notre enquête particulière.

intéressants; cependant ils ne sont que des exceptions. Même les sociétés composées de femmes, organisées par des femmes, dans les industries exclusivement féminines, ont un nombre d'adhérentes tellement réduit et en général une durée si éphémère, qu'elles n'offrent aucun avenir à l'ouvrière (1). D'ici, de là, tout-à-coup, apparaît une association nouvelle : c'est par exemple dans la couture ou la mode : la société a quelques centaines de francs en caisse, et de la bonne volonté. Avec cela on ne va pas loin. Au bout de quelques mois de vie agitée, la coopérative disparaît. C'est l'histoire de toutes les coopératives féminines en France depuis 1848.

En général, la coopérative de production se trouve dans une situation inférieure par rapport à l'industrie exploitée par le patronat, car elle n'arrive que péniblement à réunir un petit capital. L'esprit public ne lui est pas acquis : aussi a-t-elle à lutter contre « la défiance des fournisseurs de matières premières et celle de la clientèle. Il lui faut, en conséquence, à son début tout au moins, payer comptant et vendre à long crédit (2). »

Il semble que le discrédit et la défiance atteignent leur comble lorsque les femmes sont les organisatrices de ces sociétés. Et c'est là, sans doute, une des causes qui font de toutes leurs entreprises des œuvres mort-nées.

Les seules sociétés coopératives qui ont eu l'heureuse fortune non seulement de vivre, mais encore de prospérer, n'existent point en France, mais en

(1) Voir : *l'Almanach de la coopération française* 1904, 1905, 1906.

(2) *Les associations ouvrières de production*, p. 598.

Angleterre (1) et en Allemagne ; ce sont des sociétés dépendantes des coopératives de consommation qui fournissent leurs magasins de gros. Elles fabriquent pour le compte des coopératives. Mais ouvriers et ouvrières s'y trouvent à tous les points de vue dans de meilleures conditions que dans l'industrie patronale : on assure aux travailleurs de meilleures conditions d'hygiène, de sécurité et de salaires que dans l'industrie ordinaire.

Les résultats obtenus par ce procédé ne sont certes pas à dédaigner.

Les plus frappants sont ceux de Rochdale, souvent cités, qu'il est bon de rappeler ici.

A Manchester, à Londres (2), de pauvres femmes travaillaient 18 heures par jour pour gagner 60 à 80 centimes. L'organisation des coopératives de Rochdale permit de leur donner, pour 40 heures de travail hebdomadaire, 14 à 17 shellings (17 fr. 50 ou 21 fr. 25) sans parler d'une participation aux bénéfices, c'est-à-dire que le travail payé primitivement de 0 fr. 03 à 0 fr. 04 l'heure a été rémunéré par la coopérative à raison de 0 fr. 40. ou 0 fr. 50 environ. L'organisation des fabriques coopératives de lingerie en Écosse, qui existent depuis longtemps déjà, a restreint dans cette région le champ de l'industrie à domicile, et a supprimé, de ce fait, la plupart des maux qui lui sont inhérents.

En 1904, le magasin de gros des coopératives anglaises avait un mouvement d'affaires dépassant 3 millions de francs.

(1) *La Coopération en Grande-Bretagne*, par Mme Sidney-Webb, p. 288.

(2) Les coopératives de production en Angleterre : Annales du Musée Social 1903 p. 371. Voir aussi *How best to do away with the sweating* par Beatrice Potter (Mme Sidney-Webb).

Il possédait à ce moment-là 17 usines frabriquant les objets les plus divers : vêtements, chaussures, meubles, confitures, tabacs, biscuits, brosserie, farines, papeterie (1). D'après les statistiques les plus récentes, le nombre de travailleurs, ouvriers et ouvrières, occupés par les coopératives, serait de 25.000 en chiffre rond (2).

En France, les coopératives socialistes de consommation (3) aspirent à la création d'un magasin de gros dans le genre du Wholesale anglais, et d'usines fédérales, où la femme comme l'homme, sur le pied d'égalité, seraient également rétribués. En attendant que leurs ressources leur permettent d'atteindre ce but, les coopérateurs socialistes manifestent d'une façon effective leurs sentiments égalitaires en payant, dans certaines de leurs sociétés, les employés hommes et femmes au même tarif (4).

Mais malgré ces signes de bon augure pour l'avenir, il faut bien reconnaître que l'œuvre des coopératives de production ou de consommation, en ce qui concerne le relèvement du salaire des femmes, est insignifiante. Elles n'ont donné lieu qu'à quelques rares expériences, qui d'ailleurs ne sont pas dénuées d'intérêt.

(1) *Almanach de la coopération socialiste.*

(2) M. Mauss, *L'Humanité*, 16 juillet 1906.

(3) Les coopératives socialistes de consommation font leurs achats de préférence parmi les coopératives de production existantes, à défaut dans les maisons industrielles où les ouvriers sont payés d'après le tarif syndical. (Voir Almanach de la coopération socialiste 1906).

(4) La coopérative socialiste, *La Bellevilloise*, donne à l'heure le même salaire à la femme qu'à l'homme. La journée de la femme peut s'élever ainsi à 4 ou 5 francs par jour. (0 fr. 75 par heure).

CHAPITRE IV

L'organisation syndicale des ouvrières.

Les difficultés de l'organisation. — Efforts réitérés. — Les avantages obtenus par le syndicat mixte. — Aperçu du mouvement syndical féminin en Angleterre et en Allemagne.

A l'heure actuelle, il n'est guère d'industries, depuis les industries chimiques (tabacs, poudreries, etc.), jusqu'aux industries alimentaires (sucreries, biscuiteries, etc.), en passant par les industries textiles (ovalistes, ouvrières du coton et de la laine, etc.), qui n'occupent de la main-d'œuvre féminine et qui ne soient représentées par quelques membres dans un syndicat féminin, c'est-à-dire dans un groupe composé exclusivement de femmes, ou dans un syndicat mixte formé à la fois par des ouvriers et des ouvrières. Mais le nombre de femmes adhérant à ces groupements multiples est en général si faible qu'il ne leur est guère possible d'exercer une action vraiment efficace.

En effet, les dernières statistiques accusent seulement le chiffre total de 50.000 ouvrières (1) syndi-

(1) *Annuaire des syndicats professionnels.* En 1904-1905 le nombre des femmes faisant partie de syndicats ouvriers s'élève à 59.200; le nombre des hommes à 750.000.

quées pour toutes les industries de la France où plus de 900.000 femmes sont occupées rien que dans les usines et ateliers, sans parler du travail à domicile.

C'est que les raisons sont nombreuses qui s'opposent au développement des syndicats d'ouvrières; tantôt le loisir leur fait défaut pour se réunir, car les soins domestiques prennent les heures de repos que laisse le travail salarié; tantôt la cotisation indispensable à tout groupement ne peut se prélever sur un trop faible salaire. Souvent la crainte les retient, car l'employeur, le petit patron surtout, regarde d'un mauvais œil l'ouvrière syndiquée : c'est la brebis méchante qui détournera tout le troupeau et l'on s'en débarrasse le plus vite possible.

Enfin, la raison la plus forte, c'est qu'elles ne sentent pas assez, en général, la nécessité de s'unir, parce qu'elles considèrent leur condition présente comme un état transitoire, tout à fait momentané, et qu'elles espèrent en sortir au plus tôt, notamment par le mariage. La nécessité de se syndiquer l'ouvrière ne la sent que lorsqu'elle voit de près les bienfaits de l'organisation syndicale parmi les hommes! En fait, d'une façon générale, elle ne peut apprécier ces bienfaits et recevoir l'éducation syndicale que dans les industries où elle travaille à côté de l'homme qui peut alors exercer une action quotidienne de propagande, par la parole et par l'exemple, comme par exemple dans les tissages, les établissements de l'État, la grande industrie en général. C'est aussi dans ces industries que les avantages les plus notables ont été obtenus.

Dans les professions où, au contraire, la femme ne se trouve en contact qu'avec un tout petit nombre d'autres femmes, ou bien encore dans celles où le mode de travail la tient isolée (travail à domicile), le mouvement syndical ne rencontre qu'un milieu défavorable, stérile (1).

Les tentatives multiples faites pour grouper les ouvrières couturières et les ouvrières lingères sont une preuve des plus frappantes de ce fait.

Rien ne paraît plus légitime que le groupement de ces ouvrières qui sont si mal rétribuées. L'augmentation du salaire est pour elles d'un intérêt vital. Pourtant, à l'heure actuelle, les syndicats des ouvrières de la couture réunissent à peine pour toute la France quelques centaines d'adhérentes (2).

Les bonnes volontés isolées n'ont point fait défaut depuis longtemps déjà, puisque les premiers groupements professionnels de femmes remontent en France à 1848. Mais la cohésion a toujours été absente de toutes ces tentatives où il faudrait un mouvement d'une importance considérable pour tenir en échec la formidable concurrence que font naître les femmes de la campagne, les couvents, le travail des prisons.

Le groupement organisé après 1870 par M. Barberet semblait devoir prospérer. Une Chambre syndicale de couturières, lingères, brodeuses, confectionneuses se constitue à Paris (3). Elle est pleine de bonnes intentions. Les déléguées de la Chambre syndicale abordent hardiment de front les plus difficiles problèmes. Et dans leurs rapports, elles parlent de fixer un tarif pour les salaires, elles projettent la

(1) Marie Bonnevial. *Le mouvement syndical féminin en France.* (*Revue de morale sociale*, septembre 1901).

(2) *Annuaire des syndicats professionnels, op. cit.*

(3) *Les Associations professionnelles ouvrières*, t. IV, p. 797 et sq.

fondation d'un atelier coopératif et elles mettent à exécution ce dernier projet à Lyon. A Vienne, à Marseille, des syndicats se créent. On parle d'eux pendant deux ou trois ans, puis il n'en est plus question. Le nombre des adhérentes de la Chambre syndicale va déclinant. L'atelier se ferme. Faute d'argent, la malheureuse Chambre syndicale ne peut tenir son rang. Elle doit refuser d'assister à l'Exposition de Philadelphie (1876) où sont convoquées les ouvrières. Son dernier acte est la participation au Congrès ouvrier français de 1876. Les ouvrières font connaître de nouveau leurs vœux. En première ligne, toujours, le relèvement des salaires. « Les ouvrières des spécialités, disent-elles, peuvent gagner 0 fr. 80, 0 fr. 90, 1 franc, 1 fr. 15, 2 francs par jour. Et cependant, malgré ces prix peu élevés, les maisons profitent de la morte-saison pour diminuer encore les salaires. On donne le travail à seule condition qu'il soit exécuté à bas prix, à titre de complaisance. Quand les salaires sont abaissés, ils ne sont plus jamais relevés. »

Après cette manifestation, on n'entendit plus parler de la *Chambre syndicale des couturières et lingères*.

Depuis cette époque, à maintes reprises, se sont à nouveau constitués des syndicats parmi les ouvrières de cette corporation. On aurait pu espérer en la longévité de ces groupements depuis que la *loi de* 1884 reconnaît la légalité du syndicat professionnel. Pourtant, le syndicat parisien actuel des couturières lingères date seulement de 1892 et compte tout au plus 300 adhérentes (1).

La plupart des syndicats féminins actuels, impuis-

(1) *Œuvres et institutions féminines*, publ. du Ministère du Commerce. Exposition Universelle de 1900. Historique du Syndicat, t. I, p. 192.

sants à obtenir de meilleurs salaires, vu le petit nombre de leurs adhérentes, font porter leurs efforts sur l'organisation de caisses de secours, de cours professionnels et surtout sur l'organisation de la propagande. Un des exemples les plus frappants en est donné par le Syndicat des *ouvrières fleuristes plumassières* de Paris (1).

Le métier de fleuriste est gracieux, bien féminin et, partant, très parisien. Sous la caresse du doigt agile, la vie éclate du bouton, la fleur prend forme, s'anime et, sous l'écartement des pétales, les velours chatoyants semblent distiller des parfums. C'est un métier de goût; il faut deux ans au moins d'apprentissage à l'ouvrière fleuriste pour tenir convenablement la pince qui estompe et gauffre les tissus, dessine les nervures, dresse ou penche feuilles et fleurs. Pour la payer de toutes ses peines, de tout son art, quelle est la récompense? C'est, tout juste pendant cinq mois de l'année, la bonne saison, du travail assuré chez soi, mais combien maigrement payé! Les journées de 2 francs ne sont certes pas les plus nombreuses. Apprendre aux fleuristes qui chôment pendant sept mois le métier de plumassière dont la saison commence juste à l'heure où se termine la fleur, et inversement, tel est l'un des buts du Syndicat des *fleuristes-plumassières*.

Mais son activité est surtout mise en jeu pour gagner à la cause syndicaliste les ouvrières, pour manifester en leur faveur toutes les fois que se présente une bonne occasion. Tel est du moins le rôle généreux de la secrétaire du syndicat : Mlle Blondelu (2). Au Congrès féministe de 1900, avec Mlle Marie Bonnevial, la propagandiste socialiste bien

(1) *Ibid.*, Œuvres et institutions féminines.
(2) Membre du Conseil Supérieur du travail.

connue, elle réclame la création de postes d'inspectrices du travail choisies parmi les ouvrières syndiquées. Depuis quelques mois, elle organise à la Bourse du travail de Paris une enquête sur le travail à domicile des femmes. Enfin, dans les divers Congrès de protection ouvrière, nous la trouvons toujours parmi les premières répondant à l'appel. En somme, actuellement, il y a un certain nombre de bonnes volontés agissantes disséminées dans les syndicats féminins, mais un trop petit nombre.

Jusqu'à cette heure, c'est uniquement dans les Syndicats mixtes que les ouvrières ont obtenu de réels avantages au point de vue du salaire.

Parmi les Syndicats mixtes, les organisations d'*ouvriers et d'ouvrières de l'Etat*, des manufactures de tabacs et d'allumettes, sont les plus anciennes, celles qui sont le mieux arrivées à faire prévaloir leurs revendications et, bien qu'il soit difficile de dire la part qui revient à l'homme et celle qui appartient à la femme dans cette collaboration, il est certain qu'ils ont tous deux leur part de mérite dans l'œuvre commune. Les femmes ont surtout donné l'exemple de la résistance pendant les grèves tandis que les hommes défendaient les intérêts communs dans les Congrès.

En 1886, à Marseille, les ouvrières des tabacs subirent des vexations d'un de leurs chefs (1). Elles firent grève. C'est le point de départ de leur syndicat. Elles obtinrent satisfaction. Successivement, dans les vingt manufactures de l'État, des syndicats se formèrent, ici, ouvriers et ouvrières unis dans le même syndicat, là, les uns et les autres ayant leur organisation distincte comme à Lyon, Dijon, Marseille, mais

(1) *Les Associations professionnelles ouvrières*, t. I, p. 615 et sq.

faisant toujours cause commune, le cas échéant.

Ainsi put-on obtenir progressivement des relèvements de salaires, bien que toujours le salaire de la femme soit inférieur au salaire de l'homme.

En 1894, le gain moyen de l'ouvrier est de 5 fr. 08; celui de l'ouvrière de 3 fr. 17.

En 1903, tandis que le gain moyen de l'ouvrier est de 5 fr. 79, celui de l'ouvrière est de 3 fr. 85 (1).

Les règlements furent modifiés relativement à la mise à pied des ouvrières prises en faute. L'on put aborder aussi, dans des conditions favorables, la question de l'amélioration de la retraite. En 1891, on demande, au Congrès de Paris, que la retraite fût dorénavant de 720 francs pour les hommes et de 540 francs pour les femmes. En 1892, le Parlement reconnaît la légitimité de ces revendications et fixe par un règlement la retraite des hommes à 600 francs et celle des femmes à 400 francs (2).

La fabrication des allumettes, en France, a été libre jusqu'en 1871 (3). Depuis, elle est devenue, comme l'on sait, un monopole de l'État. Dans les six manufactures nationales, à savoir : Marseille, Trélazé (Maine-et-Loire), Bègles (Gironde), Saintines (Oise), Pantin, Aubervilliers, sur un personnel total de 2.199 ouvriers et employés le plus grand nombre sont des femmes (4).

En 1892 à l'instigation des membres d'un Congrès tenu à Paris (Syndicat de la Fédération des tabacs), ces ouvrières s'unirent pour la première fois

(1) *Bulletin de l'Office du Travail*, février 1905, p. 128-129. Ces salaires sont payés pour 10 heures de travail.

(2) *Les Associations professionnelles ouvrières*, t. I, p. 618.

(3) *Les Industries insalubres*. Publ. de l'Association pour la protection internationale des travailleurs, p. 103.

(4) *Revue de questions pratiques de législation ouvrière et d'économie sociale* juillet 1906.

et formèrent le Syndicat des ouvriers et ouvrières des Manufactures d'allumettes.

Ils commencèrent par réclamer la suppression du phosphore blanc, alors en usage, qui provoquait l'horrible nécrose et, grâce à leurs efforts répétés, ils obtinrent l'appui de l'Académie de médecine, de la Presse, du Parlement (1). En 1896, on leur donnait enfin satisfaction sur ce point.

Chemin faisant, ils avaient obtenu une indemnité de 6 francs par jour pour l'ouvrier atteint de nécrose et de 4 francs pour l'ouvrière; l'établissement d'une pharmacie dans les manufactures, d'une salle avec un lit de repos, une visite médicale tous les jours; la réduction de la journée de travail à 10 heures; le relèvement de la pension de retraite à 750 francs pour les hommes et à 540 francs pour les femmes; l'établissement de crèches dans les manufactures, etc. (2).

Après une grève générale en 1893 (3), dans les deux manufactures de Pantin et d'Aubervilliers, et qui se répercuta dans les établissements de Bègles et de Trélazé, les travailleurs des deux sexes obtinrent une augmentation générale des salaires. Les femmes avaient courageusement lutté comme les hommes.

A Trélazé, sur 270 grévistes, il y avait 170 hommes et 80 femmes.

Plus tard, en 1895, sur 1.494 grévistes, on comptait 1.052 femmes et 442 hommes. A la suite de ces dernières grèves, de nouvelles augmentations de salaire furent accordées. Et comme, à ce moment-là, la suppression du phosphore blanc n'avait pas

(1) *Congrès des allumettiers et allumettières*, 1894, brochure.
(2) *Les Associations professionnelles ouvrières*, t. I, 619.
(3) *Ibid.*

encore été obtenue, les secours suivants furent consentis aux ouvriers et ouvrières malades par suite d'opération dentaire : « Après 21 jours de maladie, les 3/4 du salaire quotidien aux pères et aux mères de famille, et après 43 jours aux célibataires. »

En 1890, tandis que l'ouvrier attaché aux manufactures d'allumettes était payé en moyenne 4 fr. 36, l'ouvrière ne recevait qu'un gain moyen de 2 fr. 78.

En 1903, le salaire moyen de l'ouvrier s'est élevé à 6 fr. 57, celui de l'ouvrière à 4 fr. 92, en augmentation de 0 fr. 02 sur 1902 pour les premiers et de 0 fr. 09 pour les secondes.

Les résultats obtenus par les syndicats mixtes ou par les syndicats féminins de la grande industrie, sont, en somme, fort encourageants pour tous les amis du syndicalisme

La femme n'est pas seule, au reste, à trouver un intérêt à se syndiquer : il y va aussi de l'intérêt de l'homme. Relever le salaire de l'ouvrière, c'est indirectement relever le salaire de l'ouvrier, car plus bas sont les salaires féminins, plus tendent à baisser les salaires masculins.

Cette vérité a parfois été méconnue, soit par l'une, soit par l'autre partie. Ce sont les gantiers de Grenoble qui, en 1895, réunis au Congrès de Paris, jettent le cri d'alarme contre le syndicat de femmes. Ils venaient de voir près de 400 ouvrières se grouper sous la direction intelligente de l'une d'entre elles et peut-être redoutaient-ils d'être chassés de leur dernier retranchement : la coupe (1).

Toujours est-il que dans leurs statuts, sans fard et sans détours, ils affirmèrent la « nécessité d'écarter par tous les moyens légaux le travail de la femme

(1) *Les Associations professionnelles ouvrières*, t. II, p. 119.

dans la coupe du gant, comprenant le dolage, le dépeçage et l'étavaillon ».

Les torts doivent sans doute être imputés aux femmes lorsque, ouvrières syndiquées typographes, elles acceptent de remplacer, à Nancy, des ouvriers

Les Femmes dans les Syndicats en Allemagne (1).

ANNÉES	Fédérations.	NOMBRE TOTAL des membres	NOMBRE de femmes.
1891	62	277.659	»
1892	56	237.094	4.355
1893	51	223.530	5.384
1894	54	246.494	5.251
1895	53	259.175	6.697
1896	51	329.230	15.265
1897	56	412.359	14.644
1898	57	493.742	13.481
1899	55	580.473	19.280
1900	58	680.427	22.844
1901	57	677.510	23.699
1902	60	733.206	28.218
1903	63	887.698	40.666
1904	63	1.052.108	48.604
1905	64	1.344.803	74.411

syndiqués qui faisaient grève et de s'employer avec un moindre salaire que ces derniers (2).

(1) *Die Gewerkschaftsorganisationen Deutschlands im Jahre 1905*, dans le *Correspondenzblatt der Generalkommission der Gewerkschaften Deutschlands* du 4 août 1906.

(2) Indignés de ce procédé, les Syndicats de la Bourse du Travail de Paris voulurent chasser de la Bourse les ouvrières typographes syndiquées. La commission administrative raya le Syndicat, à qui fut adressée la lettre suivante :

Mais, de part et d'autre, ces dissentiments passagers n'excluent pas la vision nette de l'intérêt commun. La tendance au groupement mixte, qui s'accuse de plus en plus, en est une preuve certaine (1).

Partout en effet, où il existe des syndicats masculins et des syndicats féminins similaires, comme syndicats de tailleurs et syndicats de couturières, de fleuristes-plumassières et d'ouvriers de l'industrie florale, un courant régulier entraîne vers le fusionnement.

Le mouvement syndical parmi les ouvrières est, d'une façon générale, dans tous les pays, lent à s'organiser. Néanmoins on aurait tort de désespérer. En Angleterre, sous l'action d'une propagande assez limitée, mais méthodique, répandue par les conférencières de la *Women's Trade Union League* (2) et par quelques membres de l'*Independent Labour Party* (Parti Socialiste) on compte aujourd'hui **120.000**

« 7 janvier 1902. Citoyenne secrétaire, votre chambre n'ayant tenu aucun compte des observations que la Commission administrative avait cru devoir lui présenter, pour réparer la faute volontairement commise par votre organisation en envoyant à Nancy des ouvrières syndiquées remplacer des grévistes hommes, la Commission a, pour ces motifs, décidé, dans sa dernière réunion plénière, que votre Syndicat serait rayé des contrôles de la Bourse du Travail. » — Le Syndicat exclu s'adressa au préfet de la Seine, puis il s'est pourvu devant le Conseil d'État qui lui a donné raison.

(1) Marie Bonnevial, *op. cit.*

(2) Organisée en 1874 par Mrs Patterson, ouvrière typographe.

Les deux conférencières les plus en vue de cette association sont Miss Tuckwell et Miss MacArthur, présidente et secrétaire de l'Union. — Pendant longtemps Lady Dilke (morte en 1905) s'est occupée de l'agitation syndicale en Angleterre. Elle était alors présidente de l'Association. Voir pour suivre ce mouvement en Angleterre : *The Women's Trade Union Review*, la revue de propagande de l'Association.

trade-unionistes femmes, dont plus de 90.000, il est vrai, appartiennent à la grande industrie textile du Lancashire.

En Allemagne, les « agitatrices » du parti socialiste voient, petit à petit, les efforts dans leur propagande syndicaliste se couronner de succès. Tandis qu'en 1892, les syndicats d'ouvrières réunissaient à peine 4.000 femmes, en 1905 ils en comprenaient plus de 74.000 (voir tableau ci-dessus).

CHAPITRE V

Les Œuvres de la philantropie.

Restaurants d'ouvrières et hôtels philanthropiques. — Caisses de secours et ouvroirs. — Contre la tuberculose. — Mutualités maternelles. — Pensions de vieillesse.

L'action des coopératives et des syndicats est insuffisante jusqu'à présent pour relever les salaires médiocres des ouvrières. D'autres institutions, dans un tout autre esprit, se proposent d'atteindre le même but : ce sont les œuvres de la philanthropie. Sans doute, leur action est très modeste, mais elles existent et on doit les signaler.

Nous négligerons à dessein de parler ici des œuvres proprement dites de bienfaisance et des institutions publiques d'assistance qui secourent la misère seule, sans parer les défectuosités sociales. Qu'il s'agisse d'institutions dues à l'initiative privée proprement dite, ou à l'initiative patronale, elles sont créées, en général, pour donner leur concours à l'ouvrière pendant les périodes difficiles : les crises de l'existence professionnelle (chômage), ou de la vie de la femme (maladie, maternité, vieillesse).

Tantôt elles se proposent de diminuer les dépenses, tantôt d'augmenter les ressources. Dans tous les cas, ces œuvres ne dispensent pas l'ouvrière de l'effort personnel et tant qu'elle est valide, elle participe, généralement par une cotisation, à l'institution de prévoyance qui lui portera secours aux heures difficiles.

C'est le plus souvent, avons-nous dit, en prévision des périodes de crises que se sont créées les œuvres philanthropiques. Il en est pourtant qui se proposent de faciliter l'existence de l'ouvrière en temps normal. Tels sont, par exemple, les *restaurants d'ouvrières* et *les hôtels meublés pour dames* à Paris.

200, 300 francs, c'est le budget annuel de Mimi Pinson, budget toujours incertain au reste, et qui est loin de rentrer à heures et à dates fixes, sous, francs et centimes comme le traitement d'un fonctionnaire. Si Mimi Pinson est sage, si elle est seule dans la vie, il lui faudra des trésors de persévérance et d'adresse pour lier simplement les deux bouts (1). Elle habite les quartiers excentriques où le prix de son logement est plus réduit que dans le centre. Mais son travail tous les jours l'y appelle. Quelquefois, elle part à pied, pour économiser les frais d'omnibus, et elle marche une bonne heure pour se rendre au travail. A midi, lorsqu'on prend quelque repos à l'atelier, la faim se fait sentir. Impossible de rentrer chez soi : c'est trop loin. On peut acheter un peu de charcuterie chez le marchand du coin et, avec un morceau de pain, manger n'importe où, sur un banc du boulevard, dans un square. Ce n'est sans doute ni guère pratique, ni hygiénique, mais que faire ? Le restaurant de tout le monde, il n'y faut pas songer, il est trop cher.

Il y a 10 ou 12 ans, l'ouvrière n'avait pourtant pas mieux à choisir qu'entre ces deux alternatives. Au-

(1) Voir Chapitre II, p. 35.

jourd'hui, elle peut, moyennant 0 fr. 10, 0 fr. 15, 0 fr. 20 la portion, trouver une alimentation suffisante dans les *restaurants d'ouvrières.*

Le premier s'ouvrit en 1892, rue Saint-Honoré. Il était organisé par quelques dames patronnesses d'ouvroirs. Les aliments préparés étaient vendus au prix coûtant. Il y avait de la place pour soixante personnes; il en vint plus de cent! « Heureuses de divorcer avec l'éternel plat de charcuterie ou le cornet de pommes de terre frites, les apprenties et les ouvrières vinrent avec leurs compagnes. En fin d'année, le directeur constata que, grâce au principe de stricte économie appliqué, la maison avait fonctionné sans déficit. Dès lors, on rêva de faire grand, et le rêve fut réalisé par la fondation, rue J.-J.-Rousseau, dans le local d'un grand bouillon en faillite, d'un restaurant analogue à celui du marché Saint-Honoré, pouvant contenir 600 personnes (1). »

Depuis 1892 (2), d'autres restaurants du même genre ont été créés. Ils sont à proximité des centres de travail. Celui de la rue Richelieu a la clientèle des modistes et des couturières qui gravitent autour de la rue de la Paix; rue d'Aboukir afflue le personnel des maisons de lingerie et de confection.

Le *Foyer féminin*, du Boulevard des Capucines, emprunte aux élégances du voisinage et attire l'aristocratie des ouvrières.

Quelques autres institutions hospitalières ouvrent encore leurs portes à midi et à 7 heures. Le « Réchaud » (3) moyennant 0 fr. 10 permet à l'ouvrière de réchauffer sur un bon feu, à l'abri d'une salle bien close, le contenu de son petit panier de vivres appor-

(1) *Œuvres et Institutions feminines*, t. II, p. 57.
(2) Ils sont fréquentés également par les employées.
(3) Rue Saint-Honoré.

tés de chez elle, et qu'elle peut consommer en toute sécurité.

Pourtant toutes les « Midinettes » n'ont pas résolu le problème du « midi ». Elles sont plus de 40.000 à Paris qui travaillent hors de chez elles, rien que dans l'industrie du vêtement, et chaque restaurant peut alimenter tout au plus chaque jour de 100 à 120 femmes (1).

—Les hôtels philanthropiques, pour dames seules, sont, comme les restaurants d'ouvrières, une excellente institution. Pour la jeune provinciale qui vient chercher du travail à Paris, pour la Parisienne isolée en quête de place, c'est un abri sûr, une bonne adresse à donner comme « référence » à l'employeur, car la chambre garnie jouit d'une certaine défaveur qui n'est pas toujours imméritée.

L'hôtel a des chambrettes claires, gaies, pimpantes plaisantes, inspiratrices d'idées saines. Que ce soit l'hôtel de la rue des Carrières, celui de la rue de la Croix-Faubin, ou l'Hôtellerie des Salutistes (Armée du Salut), on trouve indifféremment de « belles chambres » gentiment meublées du mobilier jeune en pitchpin. ou de « petites chambres » moins élégantes, mais très salubres encore, moyennant les unes 30 francs par mois, les autres 12 à 15 francs. Mais comment donner satisfaction à la minorité des aspirantes au logis sûr et sain avec 3 hôtels qui abritent tout au plus 80 personnes! Quand bien même nous ajouterions encore une centaine de lits préparés par l'Hospitalité du Travail, le problème du logement n'en serait pas mieux résolu.

Le problème de l'existence, déjà difficile à résoudre lorsque l'ouvrière gagne son modeste salaire, se

(1) *Œuvres et Institutions féminines*, t. II, p. 58 et sq.

complique davantage encore lorsqu'arrive la morte-saison. Cette crise périodique, à laquelle n'échappent guère d'ouvrières, dure selon les métiers, deux, trois, quatre, cinq, et même six mois !

Lorsque la femme est très adroite, fort industrieuse, elle arrive quelquefois à se procurer un peu d'ouvrage dans un autre métier. La fleuriste peut se faire plumassière ; la couturière s'improvise lingère. Mais ce travail nouveau, elle ne le trouve pas toujours. La morte-saison est le chômage périodique presque fatal. L'ouvrière, comme l'ouvrier, subit parfois également le chômage accidentel. La maison qui l'emploie, par exemple, brusquement ferme, à la suite de mauvaises affaires : une industrie qui périclitait sombre tout à coup. Voilà notre ouvrière réduite au dénuement. Celle qui fait partie d'un *syndicat* organisation où prédomine l'esprit de solidarité; peut faire appel dans une certaine mesure à *sa caisse de secours.*

Il est aussi quelques caisses de secours mutuels d'origine patronale, sortes de sociétés de bienfaisance. Telles sont, à Paris, celles de l'*Aiguille* (1) et de la *Couturière* (2). Mais toutes ces caisses n'ont que des ressources médiocres.

(1) Fondée en avril 1892, l'*Aiguille* qui a un caractère confessionnel et vient en aide aux travailleuses de l'aiguille, est une société composée de patronnes, d'employées et d'ouvrières.

Chaque associée patronne verse une cotisation annuelle au minimum de 10 francs.

Chaque associée employée verse une cotisation de 2 francs.

Chaque associée ouvrière verse une cotisation de 1 franc.

Administrée par un conseil composé de 36 membres, 12 patronnes, 12 employées, 12 ouvrières, l'*Aiguille* a 1200 membres et possède 35.000 francs.

(2) *La Couturière* est plus ancienne (1881). Son but principal est de donner gratuitement des soins aux sociétaires malades qui payent une cotisation mensuelle de 2 francs. Mais elle a

Les *ouvroirs d'assistance par le travail*, qui sont tantôt d'origine confessionnelle, tantôt d'origine laïque, donnent de l'ouvrage à l'ouvrière qui chôme, principalement à la mère de famille. Quelquefois l'ouvrière peut aller travailler sur place, au siège de l'ouvroir; tantôt elle peut emporter l'ouvrage à domicile, de la couture, qui lui rapportera des journées de 1 fr. 50 à 2 francs. Mais cela ne dure jamais plus de *quelques semaines*. L'une des plus anciennes de ces institutions est l'Union d'Assistance par le travail du XVIe arrondissement, à Paris, qui fait travailler à domicile. Il en est de même pour l'*Union du XVIIIe arrondissement*.

L'ouvroir du *Cercle Amicitia* occupe seulement de très bonnes ouvrières : elles gagnent de 2 à 3 francs par jour (1).

Ailleurs, la nature du travail est telle que le salaire est très misérable : les femmes sont occupées au triage de graines, à la confection de sacs en papier ce qui rapporte environ 0 fr. 75 par jour (2).

Ici, on donne de l'ouvrage à 200 femmes, là à 300. Mais les sans-travail féminins se comptent par milliers dans les grandes villes ! (3)

également une caisse de secours. Elle groupe, ou peut grouper, des couturières, lingères, modistes, corsetières, giletières, etc. et en général toutes les ouvrières exerçant un métier de l'aiguille (Statuts de la Couturière) siège social : 32, rue Tronchet. A un certain nombre de membres donateurs et honoraires.

(1) Lecocq, *l'Assistance par le Travail*. — Voir aussi : *Œuvres et Institutions féminines*, t. II.

(2) Lecocq, *op. cit.*

(3) Société des ouvroirs-ateliers pour les ouvrières sans travail du XVIe arrondissement, « du 1er février 1891, jusqu'au 31 décembre 1903, l'œuvre a dépensé 184.534 francs et distribué aux ouvrières 114.369 fr. de salaires, et 9.000 chemises et objets divers.

Les recettes de 1903 ont atteint 17.143 fr. 55, les dépenses, 17.273 fr. 16

Soumise à une existence de surmenage et de privations, l'ouvrière anémiée, affaiblie est prédisposée à toutes sortes de maladies.

Nous avons parlé des ravages de la tuberculose; quelques œuvres ont été créées pour réagir contre le mal : ce sont les institutions de Villepinte, Champrosay, Hyères (1) réservées aux jeunes filles, celle de Bourg-la-Reine destinée aux femmes mariées. Toutes, certainement, opèrent des sauvetages. « La femme des classes ouvrières, arrivant au sanatorium, a bien plus encore et bien plus souvent que l'homme souffert du surmenage excessif causé tant par le travail au dehors que par les soins de son ménage et de son logis; du manque d'air, et de l'existence confinée; de la nourriture insuffisante. Quand toutes ces conditions mauvaises viennent à changer, quand la femme trouve au sanatorium le repos complet, l'air libre et pur, la suralimentation, elle se transforme, et son état s'améliore encore beaucoup plus vite que celui de l'homme. » Malheureusement, le nombre de ces œuvres n'est pas en rapport avec le mal.

Lorsque l'ouvrière est sur le point de devenir mère, souvent la nécessité la contraint à travailler jusqu'à la dernière heure, au plus grand péril de sa

Les 378 *ouvrières* se sont partagé 10.673 fr. 20 de salaires, 558 chemises... et articles divers de layette.

La nature du travail consiste principalement dans la confection d'articles de lingerie : chemises, couches, draps, taies d'oreillers, fichus, bonnets, jupons, sacs militaires, voiles de communiantes, robes d'enfants, collerettes, articles divers.

Les deux ouvroirs de la Société sont situés rue Doudeauville et rue Saint-Charles.

(*Extrait de la Revue Philanthropique.*)

(1) *Revue Philanthropique*, 1904, p. 240.

santé et de celle de son enfant. Pour éviter tous ces dangers, une société s'est fondée en 1892. C'est la *Mutualité Maternelle*. Moyennant une cotisation annuelle de 3 francs, toutes les sociétaires ont droit, pendant 4 semaines à dater du jour de l'accouchement, à une indemnité de 12 francs par mois, ce qui leur permet de ne pas retourner trop vite à l'atelier. Elles sont soignées gratuitement à leur domicile. A Paris, de 1892 à 1901, l'œuvre de la Mutualité Maternelle a donné son appui à 4.007 ouvrières (1).

Actuellement, il y a des Mutualités Maternelles dans plus de 30 villes de France, dont un certain nombre dans les cités industrielles du Nord (Roubaix, Tourcoing, etc.). Elles ont réuni, depuis la création de la *Mutualité Maternelle* de Paris, plus de 400000 francs (2). On comprend, néanmoins, que, malgré toute la bonne volonté des organisateurs, il ne soit pas possible, avec ces seules ressources, de venir en aide à toutes les femmes ouvrières de France qu'il faudrait aider.

La sollicitude dont bénéficie quelquefois la mère, s'étend d'ordinaire à l'enfant. Que deviendrait-il seul à la maison, le bébé, lorsque la maman reprend le travail ? Pour parer aux inconvénients d'une telle situation, un certain nombre de crèches (3) se sont garnies de petits berceaux prêts à recevoir l'enfant pendant le jour, non loin de l'endroit où travaille la mère. Elle peut ainsi, à l'heure du repos, l'allaiter et

(1) *Rapport sur la Mutualité maternelle. Congrès de la Mutualité*, Nantes, 1904, p. 12.

(2) *Association pour la Protection légale des Travailleurs*, 1904 (Rapport du Dr Fauquet), p. 12 et sq.

Un dixième des ressources seulement provient des membres participants.

()3 *Œuvres et Institutions féminines, op. cit.*

lui donner un baiser. Mais les petits lits de la crèche sont encore si rares qu'ils sont bien loin de suffire à toutes les demandes.

Avec les modestes salaires que gagnent nos ouvrières, il leur est quasi impossible, à part quelques exceptions, de pouvoir mettre de côté pendant les années d'activité un peu d'argent en prévision des vieux jours. Alors la vieillesse devient « une chose triste et hideuse lorsqu'on la voit traînant dans la rue sa misère physique, et trop souvent sa dégradation morale, ses yeux chassieux, ses bras décharnés, ses jambes éthiques, repoussée comme inutile, et raillée comme grotesque. Tel est, cependant, le spectacle que présente trop souvent dans la vie populaire la vieillesse de l'homme, et surtout celle de la femme (1). »

C'est pour assurer aux travailleurs un morceau de pain et un gîte durant la vieillesse, qu'ont été instituées les *pensions de retraites*. Tantôt le patron prélève chaque année une part sur ses bénéfices et la consacre à de petites rentes pour ses travailleurs tantôt la caisse de retraite est alimentée principalement ou exclusivement par les ouvriers Mais de quelque façon que se compose la retraite, elle est bien loin d'être encore d'un usage courant (2).

Seul l'État constitue des retraites à presque tous ses travailleurs. Les ouvrières des manufactures de l'État (tabacs et allumettes) reçoivent 400 francs à l'âge de 50 ans. Le ministre de la guerre donne 360 francs de pension à l'ouvrière âgée de 55 ans (3).

(1) D'Haussonville, *Misères et Remèdes* p. 426.

(2) Les ouvriers de l'État participent à la constitution de leur retraite. En tout, leur nombre est de 17.000, chiffre rond.

(3) Paul Guieysse, *Rapport sur les retraites de vieillesse et d'invalidité*, 1904, p. 45 et sq.

Dans l'industrie privée, il en va tout autrement. Rares sont les pensions accordées aux ouvriers, plus rares encore sont celles accordées aux ouvrières. Il n'y a que 5 p. 100 à peine des travailleurs qui bénéficient de la retraite (1).

Dans la grande et la moyenne industrie, c'est à titre d'exception seulement que les ouvrières jouissent d'une retraite. L'imprimerie Chaix, la chocolaterie Menier, la fabrique de porcelaine de Choisy-le-Roy, sont de ce nombre.

Quant à la petite industrie proprement dite qui occupe tant de femmes, les retraites n'y existent point (2).

Nous venons de voir quels sont les concours apportés à l'ouvrière par l'État, les syndicats et les coopératives, les mutualités, les œuvres de la philanthrophie, concours précieux, assurément, mais que nous avons été amenés à juger tour à tour insuffisants. Que faudrait-il pour étendre leur action et pour relever par suite dans une proportion importante la condition de l'ouvrière ? C'est ce que nous voudrions rechercher ici. Il faut permettre aux initiatives individuelles de donner par leur effort combiné de meilleurs résultats ; il faut permettre à la coopérative, au syndicat, de se développer; les deux grands leviers de cette amélioration et de toutes les transformations nécessaires sont l'action de la loi et celle de l'éducation.

Tous les moyens d'amélioration que nous avons passés en revue n'ont pas tous la même valeur. Les œuvres philanthropiques en général, par exemple,

(1) Rapport Guieysse. Voir aussi *Les caisses patronales de retraites des établissements industriels*. Ministère du Commerce 1898.

(2) Rapport, *Ibid.*

émanent d'un esprit de charité. La charité, privée ou publique, est un principe inférieur. Au contraire, la protection de la loi, le groupement professionnel pour la défense des intérêts communs sont des principes évidemment bons et conformes aux tendances générales de l'esprit moderne.

Mais c'est surtout l'action de la loi qui, en agissant et en réagissant sur tous les moyens d'action et en particulier sur le syndicat, peut être la plus efficace. Tout le monde s'accorde aujourd'hui à reconnaître, à de bien rares exceptions près, la nécessité de l'interventionisme. Nous avons vu ici-même certains des avantages que donne à l'ouvrière pendant son travail la protection légale; nous avons vu comment cette réglementation a sensiblement amélioré le sort des travailleurs dans la grande industrie, notamment, au point de vue de la durée du travail et de l'hygiène; comment en décrétant la suppression de certains travaux insalubres elle a du même coup supprimé certains dangers de maladies professionnelles; enfin comment elle a réduit, par une loi de prévoyance sociale, le nombre des accidents du travail.

Quant aux domaines où la législation s'est souvent montrée impuissante (petite industrie en atelier) où elle paraît avoir aggravé la situation (industrie à domicile) cela n'est point le fait de la législation industrielle en général, mais des insuffisances et des lacunes de notre législation actuelle.

Voulons-nous savoir comment, d'une façon indirecte, par réaction, le jeu de la loi fait sentir ses effets par exemple sur le syndicat? Pour que l'ouvrière puisse s'organiser en syndicat, l'action de la propagande ne suffit pas : il faut qu'elle ait des loisirs, c'est-à-dire que la durée du travail soit moins longue, en un mot que la protection légale exerce son action.

On a d'ailleurs remarqué que partout où la législation protectrice est le plus rigoureusement appliquée, les syndicats professionnels sont les plus forts.

On dira plus loin comment l'œuvre d'éducation s'impose à son tour pour compléter celle de la législation. Voyons d'abord quelle doit être l'action de la loi.

TROISIÈME PARTIE

LE PROGRAMME DES RÉFORMES

CHAPITRE PREMIER

Les Réformes législatives.

I. *Les améliorations de la législation existante.* Dispositifs relatifs à la durée du travail, à l'hygiène. Réforme du service de l'Inspection du travail. — II. *Extension de la législation à un nouveau domaine.* Réglementation du travail à domicile. — Fixation du minimum des salaires. L'exemple de Victoria. — III. *Les assurances ouvrières.* Lois destinées à prévenir les risques professionnels.

Épargner les forces physiques de l'ouvrière, lui permettre de se livrer aux travaux domestiques d'où dépendent la santé et le bonheur de la famille ; lui laisser plus de loisirs pour participer à la vie publique, pour devenir meilleure par plus de savoir, telle doit être l'œuvre de l'État, représentant de la société, à qui l'ouvrière donne, par son travail, tant d'elle-même ! Et ce n'est pas trop non plus lui demander, à cette société qui jouit du bien-être matériel créé par la main de l'ouvrière comme de l'ouvrier, que d'exiger d'elle son intervention lorsque le travailleur est acculé à toutes les détresses physiques et morales, quand surviennent les accidents du travail, les maladies professionnelles, le chômage, la vieillesse enfin !

Au double point de vue de la réglementation du travail et des assurances ouvrières, notre législation actuelle est tout à fait insuffisante. Nous allons voir comment on peut, comment on doit l'améliorer, soit en perfectionnant des mesures déjà inscrites dans la loi, soit en étendant à de nouveaux domaines les prescriptions légales.

1° LA RÉGLEMENTATION DU TRAVAIL.

Le travail de nuit. — On a vu au cours de cette étude, et nous nous sommes étendus longuement sur ce sujet à dessein, que la tolérance relative au travail de nuit est une des causes de non-application de la loi (1), qu'elle laisse subsister tous les dangers de la veillée. Il faut donc la supprimer. Il faut supprimer à la fois les *exceptions temporaires* (veillées) et les *exceptions permanentes* (usines à feu continu, etc.) (2)..

On n'insistera plus, ici, sur les dangers de la veillée au point de vue moral et social. Mais il nous faut dire que la veillée est encore une erreur nuisible à l'industriel, car en surmenant ses ouvrières, il méconnait ses véritables intérêts. « Une pauvre jeune fille qui, en temps de presse, travaille quinze heures par jour, ne peut faire du bon travail », selon la judicieuse remarque d'une inspectrice.

Vraiment, la veillée est-elle d'une nécessité inéluctable ? A le bien prendre, cela ne semble pas. Souvent, il suffit d'une entrée plus matinale à l'atelier pour éviter le surcroît de besogne la nuit. La

(1) Rapports, 1901, p. 374.

(2) Voir chapitre..... II (Deuxième Partie), p. 76 et sq.

suppression de la veillée ne serait pas une mesure d'une exécution difficile et de nature à jeter la perturbation dans les industries qui en bénéficient actuellement. Il existe des précédents, ainsi qu'en témoigne un inspecteur de Paris. Ici, la plupart des grandes maisons de confections en fourrures ont renoncé à la veillée. « Cette année, dit-il, grâce à l'excellente mesure de refuser toute tolérance relative au repos hebdomadaire aux industriels ne fermant pas à 9 heures, tous les fourreurs se sont organisés de façon à faire effectuer les douze heures de travail à 9 heures du soir (1). »

Mais les cas d'urgence ? Dans l'immense majorité des cas, cette urgence n'est pas absolue. S'agit-il de fêtes, de mariages, de soirées? La couturière est longtemps prévenue à l'avance, ou elle peut l'être (2). Si c'est un deuil qui survient, la plupart du temps il suffit de faire des additions ou des modifications de détails à des costumes déjà faits soit en usage, soit en magasin, et quelques heures sont suffisantes.

Reste le caprice de la clientèle féminine. Mais devant une consigne inflexible on le contraindrait bien à céder !

Il est certaines villes de l'étranger, et la coutume va se répandre en France, par l'application de la loi sur le repos hebdomadaire, où les boutiques des fournisseurs mêmes qui débitent les produits alimentaires n'ouvrent point les dimanches et jours de fêtes. Force est donc, pour la ménagère, de donner sa commande à l'avance sous peine de laisser faire maigre chère à sa table. Les plus imprévoyan-

(1) *La question de l'interdiction du travail de nuit. Rapports des Inspecteurs du Travail*, 1900, p. 28.
(2) *Ibid.*, p. 28.

tes, à cette épreuve, deviennent avisées. Il en serait de même pour les coquettes.

Les exceptions permanentes à la durée du travail de nuit ne sont plus guère en usage. La plupart des équipes de nuit, aujourd'hui, ne comprennent que des hommes. Par exemple, dans la première circonscription de l'Inspection du travail (Seine, Seine-et-Marne, Seine-et-Oise) sur 191 établissements (usines à feu continu) qui occupent 21.321 travailleurs, il n'y a que 189 femmes. Il en est de même dans la région lyonnaise qui a de nombreuses papeteries, usines métallurgiques, verreries (1). Le brochage des imprimés n'est pas encore dans la liste qui ne bénéficie plus volontairement des tolérances, mais il en pourrait être de même. Une revue périodique hebdomadaire ou mensuelle, un catalogue de marchandises ou de prospectus commerciaux peuvent très bien arriver en temps sans surmenage, avec un peu de bonne volonté. On objectera, peut-être, que la suppression du travail de nuit enlève son gagne pain à la femme, et que, de la sorte, la réglementation est une arme à deux tranchants! En fait, cette suppression peut, momentanément, produire une légère perturbation, mais sans que les suites en soient durables ni funestes. En effet, par suite du perfectionnement incessant du machinisme, les femmes peuvent, dans un grand nombre de cas à cette heure, remplacer les hommes à l'atelier. A Lyon, par exemple, les métiers renvideurs conduits par des hommes sont remplacés par les métiers continus conduits par des femmes (2).

(1) *Le travail de nuit des femmes*, publ. de l'*Association pour la protection internationale des travailleurs*, p. 209.

(2) *Le travail de nuit des femmes*.

Demandée successivement par les congrès ouvriers socialistes, (1) et par tous les congrès organisés en faveur de l'amélioration du sort des travailleurs (2), la suppression du travail de nuit est une idée qui a fait son chemin, qui est mûre pour aboutir (3). Dernièrement à la conférence diplomatique de Berne (septembre 1906) (4) les représentants de la plupart des États industriels ont signé une convention favorable à la suppression du travail de nuit des femmes.

Le repos du samedi après-midi est pour la femme la condition essentielle du repos du dimanche. En effet, la cessation du travail le dimanche permet à l'homme, à l'enfant, de jouir d'un sommeil prolongé dans la matinée du dimanche, et leur laisse le loisir de faire de l'exercice, de la marche, de se distraire le reste du temps. Il n'en est pas de même pour la mère de famille, pour la jeune fille. Il faut remettre en état tous les travaux du ménage qui ont été négligés le reste de la semaine, faute de temps : c'est la lessive à faire, le nettoyage général de la maison, le raccommodage des

(1) Léon Blum, *Les Congrès ouvriers et socialistes français.*

(2) Par exemple le Congrès international pour la protection ouvrière de Zurich, 1897.

(3) On ne doit tolérer d'exception à la suppression du travail de nuit que dans deux cas : 1° c'est lorsque les matières mises en œuvre peuvent se détériorer si on laisse en suspens les manipulations. Des conserves alimentaires, celles de poisson par exemple, entrent dans cette catégorie. Là il est vrai que seules les femmes dont le toucher est délicat, plus délicat que celui des hommes, sont aptes à ces préparations ; 2° en cas de chômage accidentel, l'urgence de reprendre le travail se fait impérieusement sentir. *Le travail de nuit des femmes, op. cit.*

(4) La conférence diplomatique a rédigé le texte d'une convention internationale (17 septembre 1906) pour l'interdiction du travail de nuit des femmes. La convention est conclue pour 12 ans avec faculté de dénonciation dans le délai d'un an.

vêtements du mari et des enfants. Quand tout cela est terminé, l'heure du repos est passée. Si tous ces travaux se faisaient le samedi après-midi, il n'en serait plus de même. Sans doute, beaucoup de personnes en France se récrieront à la pensée d'accorder le repos du samedi après-midi. Mais, diront-elles, si l'on ne travaille ni le dimanche, ni la moitié du jour qui le précède, l'industrie court à sa ruine. Il ne restera plus qu'à fermer usines et ateliers. Alors les ouvrières auront tout loisir pour se reposer !

A ces pessimistes, un membre du Congrès de Zurich (1897) répondait : Vous êtes dans l'erreur; ce n'est pas seulement la santé de l'ouvrière, mais l'intérêt du patron qui se trouvera à merveille du congé du samedi. « Nous renvoyons les industriels, qui craindraient que ce congé n'entravât la marche des affaires, aux conclusions exprimées en octobre 1895 à Aarau, à l'Assemblée de *la Société Suisse pour la sanctification du dimanche*. Elles constatent que dans différentes fabriques, ce congé a exercé une influence heureuse sur l'ouvrière en la laissant libre de se consacrer aux soins du ménage, sans que jamais aucune perte pour les affaires n'ait été constatée. »

Pour ceux qui ne se laisseraient point convaincre par cette argumentation, il y a d'autres faits plus saisissants : c'est, entre autres, l'exemple de l'Angleterre. Depuis 1878 (1), les industriels anglais, aussi bien à l'usine qu'à l'atelier, accordent le repos du samedi après-midi. Personne ne déniera que l'Angleterre ne soit l'un des pays les plus prospères du monde.

(1) Loi anglaise de 1878. Voir Paul Louis, *L'ouvrier devant l'État*, p. 245. (Paris, F. Alcan).

Nos mœurs, dira-t-on, nos habitudes de travail ne sont pas celles de l'Angleterre. Gardons-nous de généraliser trop vite. Il est certaines industries, même en France, où le congé du samedi après-midi est entré dans « nos mœurs ».

Nous avons vu qu'il en était ainsi pour les ouvrières des moulinages et dévidages de la soie du bassin du Rhône. Pour des raisons philanthropiques, l'industrie cotonnière de la région de Roanne a adopté ce repos supplémentaire depuis 1879, époque à laquelle un industriel de l'endroit l'accorde, afin de permettre aux ouvrières de s'occuper des soins du ménage le samedi, et de se conformer le dimanche aux prescriptions de leur religion.

Jusqu'en 1889 (1), il paraît que cet industriel eut peu d'imitateurs. Cette année-là, à la suite d'une grève générale de tous les ouvriers de cotonnades, ceux-ci demandèrent, et obtinrent, de leurs patrons, le repos du samedi après-midi.

Finalement, il est un troisième groupe d'établissements où les ouvriers jouissent du repos du samedi après-midi. Ce sont les maisons d'origine anglaise de Paris, Persan (Seine-et-Oise), Calais (Pas-de-Calais), Creil (Oise) et dans la Seine-Inférieure. Elles occupent un personnel masculin et féminin.

Repos et indemnité pour les femmes en couches. — En 1891, dans une nouvelle préface de l'*Ouvrière*, Jules Simon réclamait avec véhémence le droit au repos pour la femme qui est sur le point de devenir mère. « La femme parvenue au terme de la grossesse, disait-il, continue à travailler presque jusqu'au dernier moment, ce qui n'est pas sans danger. Accou-

(1) D'après le *Bulletin de l'Office du Travail*, 1903, p. 205 et sq.

chée, combien de temps s'abstiendra-t-elle de paraître à l'usine ? La raison dit plusieurs semaines. Le besoin la force à revenir trop tôt, ce qui est souvent fatal au nourrisson et à elle-même. — Jean Dollfus avait pris le parti de donner aux jeunes mères le salaire de quatre jours sans travailler. C'était bien peu comme durée ; il en résulta une diminution très notable de la mortalité. C'était beaucoup comme sacrifice, parce qu'il était seul à le faire, et que c'était donner un avantage à ses concurrents. Mais ce sacrifice, *s'il était imposé par la loi*, pourrait être plus considérable par le nombre des jours accordés, sans être aussi dommageable pour l'industriel puisque dans toutes ces matières régies par la concurrence, il s'agit surtout de comparaison ; l'*État prendrait sa part de la dépense.* » Et ailleurs il ajoutait : « La liberté n'exige pas que nous laissions mourir tous les enfants de France et disparaître la race française. Pendant que nous sommes là, à demander comme les anciens tortureurs pendant l'application de la question, ce que la patiente peut supporter sans mourir et sans exposer son enfant à la mort, les autres peuples vont prendre leur parti d'interdire le travail après l'accouchement (1).... »

En 1895 (2), le professeur Pinard, dans une note communiquée à l'Académie de médecine, démontrait que les femmes qui se reposent pendant les semaines qui précèdent l'accouchement mettent au monde des enfants plus gros que ceux des mères qui ont continué à travailler jusqu'à l'extrême limite de leurs forces, parfois jusqu'à la veille de leur couche sans que la continuité de leur travail ait été interrompue.

(1) Jules Simon. Préface de la 9e édition de *L'ouvrière*, 1891.
(2) F. Dubief, *A travers la législation du travail*, p. 61.

Il a remarqué également qu'à l'établissement des débiles à la Maternité, si parfaites que soient les conditions d'hygiène, si éclairés et dévoués que soient les soins prodigués, sur 2961 enfants il en est mort 1795 ! « Sauf de très rares exceptions, ces prématurés pour lesquels on a fait tant de sacrifices, restent la plupart du temps des débiles et des infirmes, lorsqu'ils ont eu la bonne chance d'échapper à la mort ».

Tous ces arguments, et bien d'autres encore ne sont point arrivés à ébranler le législateur.

Par l'exemple de l'étranger, nous savons pourtant que la protection à accorder aux femmes en couches est une mesure simple et qui ne doit entraîner aucune perturbation dans l'industrie. L'Angleterre (1), ainsi que l'Allemagne depuis 1891 (2) ; l'Autriche, la Hongrie, la Belgique, la Hollande, la Suisse prévoient dans leurs lois réglementant le travail industriel, 4 semaines de repos après l'accouchement. Pendant ce temps, l'entretien des ouvrières incombe aux patrons, ou à l'assurance-maladie, dans les pays où elle existe.

On ne peut s'expliquer pourquoi il n'est pas de même en France, et pour quelles raisons les divers projets discutés devant les Chambres n'ont point encore été votés (3).

La journée de 8 heures. — Enfin, pour clôturer la première partie de notre programme de réformes de la législation existante, il nous faut mettre en avant

(1) Voir Paul Louis, p. 247.

(2) La Loi de Prusse de 1878 laissait les filles et femmes mineures en dehors de toute réglementation du travail. Pourtant elle prescrivait déjà un repos de 3 semaines pour les femmes en couches.

La loi de 1891 est la loi d'empire.

(3) Le projet Strauss, en 1903, a été soumis au Sénat.

la journée de 8 heures, — la journée de 8 heures qui permettra aux femmes comme aux hommes, en leur donnant plus de loisirs, d'avoir plus de culture, plus d'activité publique.

La journée de 10 heures au reste, est un acheminement vers la plus courte journée. Or, si elle n'est point encore intégralement appliquée, elle est à coup sûr applicable, comme en font foi les témoignages de personnes compétentes. Nous ne rappellerons pas ici la déclaration de M. Motte, grand industriel du Nord, puisque nous les avons déjà citées par ailleurs. Mais de même, la Commission Supérieure du Travail « constate en 1903, qu'il n'y a pas d'inconvénients à l'abaissement de la journée de 10 heures. »

D'ailleurs, la journée de 8 heures (1) n'est pas une fiction; elle existe, elle est appliquée. Elle l'est non seulement dans les colonies anglaises d'Australasie, qui sont à l'avant-garde de tous les pays, mais dans les grands États de l'Amérique du Nord et en Europe. Aux États-Unis, dans un grand nombre de métiers dont la plupart sont des professions industrielles masculines, mais dont certaines autres *sont mixtes*, les 8 heures sont entrées dans les mœurs. 52 p. 100 des travailleurs du vêtement sont dans ce cas (2).

(1) JOHN RAE, *La journée de 8 heures*, p. 43 et sq.

(2) *En Amérique* l'enquête Mosely de 1902 porte sur 235.184 ouvriers de 350 professions. Sur ce nombre 23.551 sont retenus à l'usine ou à l'atelier moins de 47 heures par semaine; 2687 ont de 47 à 48 heures de p[illegible]ence; 15.832 fournissent 8 heures par jour de travail effecti[illegible] [illegible]aul-Louis, *L'expérience des 8 heures* dans la *Revue Bleue*, 28 avril 1906.

En tout 10 p. 100 bénéficie du court travail soit :

52 p. 100 dans le vêtement.

44 p. 100 dans les pierres.

57 p. 100 dans la typographie.

En Angleterre, depuis 1870, des *trade-unions* ont obtenu la journée de 8 heures. Les ouvriers et ouvrières des tabacs font partie de cette catégorie (1). En France, les travailleurs des arsenaux bénéficient de la courte journée (depuis 1894). Nous avons vu ailleurs que les ouvrières de certaines manufactures de l'État (tabacs, allumettes) sont bien près d'atteindre la journée de 8 heures. — La grandiose manifestation du monde ouvrier, le 1er mai 1906, n'aura certainement pas été inutile pour gagner les esprits à la réforme des 3/8.

Le service de l'Inspection du Travail. Les inspectrices ouvrières. Les pénalités. — Il ne suffit pas de perfectionner la loi; il faut encore perfectionner les moyens d'en assurer l'exécution.

En premier lieu, il faut augmenter le nombre des inspecteurs du travail. 121 inspecteurs ne peuvent tenir tête à toute la besogne qui leur est assignée. Malgré l'accroissement successif du service de l'inspection, et toute la diligence dont il fait preuve, beaucoup d'établissements soumis à la réglementation, principalement dans la petite industrie, ne sont pas visités. En 1895, 62 p. 100 des établissements industriels n'étaient point inspectés. En 1902, la *Commission Supérieure du Travail* signalait encore l'existence de plus de 80 000 établissements non contrôlés. Il est vrai que dans ce nombre sont compris les magasins et boutiques qui, depuis la loi de décembre 1900 sur les sièges des employés de magasins, sont également soumis au contrôle des Inspecteurs. Cependant les attributions qui leur sont confiées vont toujours croissant par le fait de nouvelles lois dont la surveillance leur revient. Le service doit

(1) Elle comprend : les fondeurs de fer, les produits chimiques, les cuirs et peaux, les tabacs, les bâtiments.

veiller à l'application des lois suivantes : la loi de 1848 applicable aux hommes ; la loi du 2 novembre 1892, la loi de 1893 (hygiène et sécurité des travailleurs) ; la loi de 1898 (les accidents du travail) ; la loi de 1900 qui modifie les lois de 1848 et de 1892, relative aux femmes, aux enfants tout aussi bien qu'aux hommes travaillant dans les mêmes locaux ; la loi de décembre 1900 dont on vient de parler sur les sièges dans les magasins ; la loi du 11 juillet 1903, relative à l'hygiène et à la sécurité du personnel employé dans les laboratoires, caves, chaix, magasins, boutiques, bureaux et dépendances *quel que soit le sexe ou l'âge du personnel* ; enfin la loi du 13 juillet 1906 sur le repos hebdomadaire.

Un premier progrès a été réalisé dans le service de l'Inspection du travail par l'introduction de femmes, d'inspectrices. L'ouvrière, en effet, dans bien des cas, est plus libre pour exprimer ses vœux, faire valoir ses revendications auprès d'une femme que d'un homme. L'inspectrice d'autre part, en tant que femme, est souvent mieux qualifiée pour déjouer les ruses de patronnes, que l'inspecteur.

Un second progrès est en voie de réalisation grâce à la circulaire de M. Millerand aux inspecteurs du travail (1). Cette circulaire qui enjoint au service de l'inspection de se mettre en rapport avec les syndicats ouvriers pour connaître, par eux, les contraventions aux lois dont ils sont victimes, facilite le service de l'inspection. Ce que l'ouvrier n'ose pas dire directement à l'inspecteur à l'atelier, ce qu'il n'ose pas lui écrire, il le lui fera connaître sans crainte par l'intermédiaire de son syndicat. Un grand nombre de contraventions ont été ainsi signalées (2). Malheu-

(1) Voir aux annexes, la circulaire Millerand, p. 190.
(2) Rapports, 1901, p. 90, 1902, p. 45.

reusement, comme les syndicats d'ouvrières sont encore mal organisés, elles n'ont guère encore bénéficié de ces avantages (1). Pour que la coopération de l'inspectrice et de l'ouvrière soit efficace, il faut créer des postes d'inspectrices ouvrières. Craintives (2), ignorantes, les ouvrières souvent regardent l'inspectrice comme l'ennemie. Une certaine prévention demeure à l'endroit de la « dame ». Elle tomberait si l'inspectrice était socialement l'égale de l'ouvrière, si elle était ouvrière elle-même, choisie, désignée parmi les ouvrières. La création de postes d'inspecteurs et d'inspectrices du travail pris parmi les travailleurs est l'un des vœux les plus chers de la classe ouvrière. Elle l'a toujours exprimé dans tous ses congrès.

Enfin, pour rendre le rôle de l'inspecteur du travail quel qu'il soit, quelle que soit son origine, plus efficace, il faudrait que sa mission ne soit pas, presque exclusivement, celle d'un éducateur et d'un contrôleur : les sanctions dont il dispose sont insuffisantes. Les pénalités infligées à l'industriel qui transgresse les lois du travail sont si légères — 5 à 15 francs d'amende appliquée par le tribunal de simple police — qu'il ne les redoute point. Il faudrait que les pénalités fussent plus sévères, rendre par exemple l'amende plus lourde, *imposer dans tous*

(1) « J'ai eu peu de rapports avec les bourses du travail et les syndicats ouvriers a écrit une inspectrice, les ouvrières de ma section n'étant pas encore syndiquées. » 1900 p. 269 (Oise, Seine-Inférieure, Calvados, Manche).

(2) Je tiens d'une ancienne ouvrière qui travaillait à Paris ces dernières années, qu'elle fut mise à l'index par toutes ses compagnes d'atelier parce qu'elle avait révélé à l'inspectrice du travail des infractions aux lois qui se produisaient dans son atelier. On l'avait mise au ban de peur d'être confondue avec elle et de perdre sa place.

les cas lorsqu'il y a récidive, l'insertion, dans les journaux, du jugement rendu contre l'industriel. Quelques mesures de ce genre feraient sans doute davantage respecter la loi.

9° EXTENSION DE LA RÉGLEMENTATION DU TRAVAIL A UN NOUVEAU DOMAINE.

La Réglementation du travail à domicile.

Le travail en chambre, exempt de toute réglementation du travail, laisse impunément développer au foyer tous les abus que le législateur s'efforce de chasser de l'usine et de l'atelier. A ce seul titre, il faudrait que la protection légale s'étendît à la catégorie des travailleurs à domicile. Mais il le faut d'une façon plus pressante encore parce qu'indirectement, on s'en souvient, notre législation du travail entraîne l'extension du travail à domicile qui se confond avec le sweating-system.

Certes, le problème n'est point aisé.

La suppression pure et simple du travail à domicile est évidemment impossible.

Au point de vue de la salubrité (1), plus de garanties pourraient être données à l'ouvrière et au public, par l'application rigoureuse d'une loi comme celle sur la santé publique de 1902 (2), qui assurerait l'hygiène de l'habitation. Il faudrait alors que nul travail ne soit donné à domicile sans un certificat

(1) Satisfaire aux conditions d'hygiène à l'atelier, à domicile, c'est donner au public également plus de sécurité. Les objets confectionnés dans des pièces malsaines, contaminées transportent les germes des maladies épidémiques. (Voir Fauquet *Essai sur le travail en chambre*).

(2) Voir *Annexes*, loi de 1902 sur la santé publique, p. 174.

délivré au préalable par l'inspecteur du travail, et constatant l'installation satisfaisante, au point de vue hygiénique, de l'atelier à domicile en question (1).

Au point de vue de la durée du travail, il est impossible de la réglementer directement. Mais ce qui oblige les travailleurs à prolonger leur labeur au delà de toute limite, c'est qu'ils sont payés à des taux infimes. Arriver à relever les salaires, ce serait donc aboutir à diminuer la journée de travail. Les codes industriels anglais et allemands, depuis 1901, s'efforcent par certains moyens d'atteindre ce but. Il y est dit que, dans certaines industries, on peut faire emploi du livret : l'employeur inscrit la matière et la quantité de travaux, le taux du salaire, les conditions relatives à la fourniture des matériaux. Les ouvriers peuvent comparer leurs salaires respectifs. Par là, on espérait que les ouvriers seraient amenés à refuser les salaires trop infimes. Mais il ne semble point que cette mesure ait donné des résultats saisissants : *L'exposition du travail à domicile* de Berlin et celle de Londres qui se sont ouvertes cette année, et qui ont donné toutes sortes d'indications précieuses sur ce mode de travail, le prouvent surabondamment (2).

Le seul moyen qui est de nature à entraîner une amélioration sensible dans les conditions du tra-

(1) Proposition Macdonald (Angleterre) au *Congrès de la Protection internationale des Travailleurs*, septembre 1906. Proposition de réformes relatives au travail à domicile.

(2) Pour l'Exposition de Berlin. *Le Courrier Européen*, octobre 1906. Chronique économique par Ch. Picquenard.

Pour l'Exposition de Londres. *L'Humanité*, avril 1906.

Voir aussi pour plus de détails : *The sweated industries exhibition*, juillet 1906, dans *The Women's Trade Union Review*.

vailleur à domicile, c'est la fixation du minimum de salaire.

L'exemple de l'Australie, pourra nous être, à cet effet, d'un précieux enseignement.

L'application du minimum de salaire.

Il est dans le monde un champ d'expérience où la fixation légale d'un minimum de salaire trouve son application, nous voulons dire l'État de Victoria en Australie. Nous lui demanderons les résultats de son expérience. Disons tout de suite que nous limiterons nos exemples aux industries féminines de la confection et de la lingerie. Cela pour les raisons suivantes : c'est d'abord que, dans tous les pays, les inconvénients du travail à domicile s'accusent davantage lorsque ce travail est accompli par les femmes; c'est, en second lieu, parce que ces deux industries sont celles où la rétribution de la main-d'œuvre est la plus misérable.

Les faits que l'on indiquera seront donc d'autant plus probants qu'ils auront trait au côté le plus difficile du problème.

Il ne sera peut-être pas inutile de rappeler tout de suite dans quelles conditions se constituèrent les premiers bureaux australiens destinés à fixer le minimum de salaire.

En 1893 un journal libéral de Victoria, *The Age*, publiait une série d'articles saisissants qui décrivaient les horreurs du sweating, de plus en plus, répandu depuis la législation des fabriques; les femmes, les étrangères nouvellement débarquées en étaient les principales victimes.

L'opinion fut vivement émue en apprenant que même la riche Melbourne faisait travailler des ouvrières 14 à 16 heures pour 36 ou 40 sous ! En vérité c'était bien la peine de quitter la misère en Europe pour la retrouver aussi cruelle dans les colonies !

Incité par l'opinion publique, le gouvernement nomme sur-le-champ une commission d'enquête. Mais on ne donne pas à cette dernière le temps de faire connaître les résultats de ses travaux. Le désir de réprimer les abus est si fort que le gouvernement se voit dans l'obligation d'amender immédiatement la loi réglementant le travail (1894). Désormais toute place où travaillent 4 ouvriers constitue une fabrique et, comme telle, elle est soumise à la protection légale. D'autre part, l'employeur qui distribuait l'ouvrage à domicile devait inscrire, sur un registre ouvert au service de l'inspection, la liste des ouvriers et celle des salaires qu'on leur accordait.

Cette mesure timide ne donna pas entière satisfaction et, quelques mois plus tard, la Chambre des communes proposait une motion d'où se dégageait la nécessité de fixer un minimum de salaire dans les contrats passés avec l'État. En 1895, le gouvernement apporte un autre Bill plus avancé qui propose la création de Conseils de salaires destinés à fixer le minimum légal dans les industries où le sweating prédominait. Après avoir été repoussée une fois, cette mesure fut adoptée en 1896 par les deux chambres. C'est donc en 1896 que la loi victorienne établit les premiers bureaux ou Conseils de salaires (*Wages-Boards*).

Les Conseils de salaires se composent de 4 à 10 membres élus pour trois ans, moitié par les patrons, moitié par les ouvriers. Ces membres élisent un président choisi en dehors d'eux, et s'ils ne peuvent s'entendre pour ce choix le gouverneur le désigne lui-même. Ils sont rémunérés, ce qui rend les « Wages-Boards » accessibles à tous. Les Conseils peuvent fixer le salaire minimum soit à la journée, soit « aux pièces », soit à la journée et « aux pièces » à la fois, soit seulement à la journée, en autorisant les industriels à fixer un salaire « aux pièces » correspondant.

Quelques particularités de la loi de 1896 méritent encore d'être citées. Ainsi les décisions des « Wages-Boards » ne sont applicables qu'aux villes ou cités industrielles, bien que le gouverneur puisse, le cas échéant, en faire bénéficier d'autres parties du territoire.

L'inspecteur en chef des fabriques peut donner à des travailleurs âgés ou infirmes l'autorisation de travailler à des conditions inférieures à celles du salaire minimum.

Les apprentis, et ceci ne laisse pas que d'être fort important, doivent recevoir une rémunération. Le minimum en est généralement fixé à 6 fr. 25 par semaine (1).

Remarquons enfin que la loi de 1896 créée en vue d'une expérience à tenter n'avait, et n'a encore, qu'un caractère temporaire qui a nui parfois à ses bons effets.

La durée de son application devant être de quatre ans, elle a déjà été prorogée deux fois.

En 1900 elle l'a été de deux ans; elle devait l'être à nouveau en septembre 1902, lorsque la clôture de la session parlementaire s'opposa à ce qu'elle fût votée en deuxième lecture. Le 5 décembre 1902 elle

(1) *Colonial developments in Factory législation* dans *The case for the Factory Acts*, edited by Mrs Webb, p. 177.

a été encore maintenue. Seulement pendant trois mois, du 10 septembre au 5 décembre — époque à laquelle le nouveau Parlement vota la prorogation des textes anciens — il n'y eut, en fait, aucune législation sur les fabriques et toutes les décisions rendues par les Conseils de salaires se trouvèrent sus-

L'instabilité de la loi, en Victoria, enlève certai-

pendues (1).

nement de la continuité à l'œuvre des « Wages-Boards » et le service de l'inspection l'accuse même d'avoir empêché la formation de certains conseils. D'une façon générale, on peut dire cependant que cette loi a eu une heureuse influence et que les salaires se sont relevés grâce à elle, dans les industries s'exerçant à domicile comme dans la petite industrie en atelier. Quelques exemples suffiront à mettre ce fait en évidence; les ouvriers des métiers suivants : brosserie, brasserie, confiserie, gravure, etc., ont eu, par semaine, des augmentations respectives de paye de 4 fr. 25, 6 fr. 45, 5 fr. 15, 16 fr. 25 depuis la fixation des minima de salaires.

Mais nous ne devons insister qu'au point de vue des industries mentionnées plus haut : la confection et la lingerie. Elles étaient le plus atteintes et ce sont elles aussi qui se ressentent encore le plus de leur faiblesse initiale. Elles furent, l'une et l'autre, la cause principale de la fixation d'un minimum de salaire légal et, tout naturellement, elles furent inscrites parmi les premières industries protégées par les « Boards ». A côté des professions suivantes : boulangerie, ébénisterie, chaussures, nous trouvons le vêtement (clothing), il faut entendre le vêtement d'homme ; la chemiserie (shirt-trade) et le vêtement

(1) *Bulletin de l'Office du Travail*, janvier 1904, p. 51.

de dessous ou lingerie (underclothing). Par une étrange anomalie la confection pour femme et enfants (manteaux, robes, jupons) était absente de cette liste.

Ce ne fut pas sans peine que les membres des Conseils prirent des résolutions, étant donnée la très grande variété d'articles des industries qu'ils avaient à tarifer, et la nouveauté de leur tâche.

Le « Conseil du vêtement », après neuf mois d'examen, se prononça (janvier 1897).

Bien qu'aucun texte de loi ne s'opposât à ce que le gain de l'ouvrière fût égal à celui de l'ouvrier, en réalité, selon la coutume, le minimum de salaire féminin fut inférieur au salaire masculin.

Le « Conseil » de 1897 fixa le salaire « au temps » et le salaire « aux pièces » du vêtement sur mesure et de la confection.

Il prescrivit pour l'ouvrier un minimum de

Salaires moyens hebdomadaires dans quelques industries.

	Avant l'intervention des Conseils.	Après l'intervention des Conseils.	Augmentations réalisées.
Chaussure . .	1896 : 29 fr. »	1900 : 35 fr. » 1902 : 35 fr. 40	6 fr. 40
Boulangerie .	1896 : 40 fr. 50	1897 : 46 fr. 45 1902 : 53 fr. 50	13 fr. »
Brasserie. . .	1901 : 42 fr. 90	1902 : 49 fr. 45	6 fr. 55
Brosserie. . .	1901 : 28 fr. 85	1902 : 33 fr. 10	4 fr. 25
Boucherie . .	1900 : 47 fr. 05	1901 : 48 fr. 40 1902 : 50 fr. 40	3 fr. 35
Cigariers. . .	1900 : 37 fr. 80	1901 : 40 fr. » 1902 : 41 fr. 55	3 fr. 75
Vêtement. . .	1896 : 25 fr. »	1901 : 28 fr. 50 1902 : 28 fr. »	3 fr. »
Confiserie . .	1900 : 21 fr. 10	1901 : 26 fr. 25	5 fr. 15
Graveurs. . .	1900 : 46 fr. 15	1901 : 62 fr. 40	16 fr. 25

9 fr. 35, s'appliquant à la journée légale de 8 heures dans les fabriques, et un minimum de 4 francs pour les femmes (1). Les apprenties débutèrent à 3 fr. 10 par semaine. Leur nombre fut limité : primitivement il fut d'une apprentie par 3 ouvrières expertes. En 1902 il y eut deux apprenties pour 3 ouvrières (2).

Un exemple nous donnera une idée des avantages qui résultèrent pour l'ouvrière adulte de l'établissement de « Wages-Boards ». Avant 1896 deux femmes, mère et fille, qui travaillaient dans la confection pour hommes en faisant des journées de 15 ou 16 heures, ne gagnaient guère que 15 ou 17 francs par semaine. Sous le nouveau régime, en travaillant 8 heures par jour, elles gagnèrent un peu plus de 30 francs (3).

Cependant, tout d'abord, les décisions du Conseil ne donnèrent pas les résultats qu'on en espérait. Les ouvrières de la confection surtout furent déçues.

En effet, pendant les neuf mois durant lesquels les membres du conseil préparaient leurs tarifs, les industriels avaient accumulé des marchandises à bas prix. Et ils purent se passer un certain temps de la main-d'œuvre.

D'autre part, le salaire aux pièces pour les travailleurs à domicile, avait été un peu plus élevé que le salaire au temps parce qu'on avait voulu tenir compte des dépenses supplémentaires qui incombent à l'ouvrier chez lui, telles que chauffage, éclai-

(1) A. Métin, *Législation en Australie et Nouvelle-Zélande*. p. 141.

(2) *Report of the Chief Inspector of factories. workrooms and shops*. Melbourne, 1903, p. 19.

(3) *Report of the Chief Inspector*. Melbourne, 1898, p. 6.

rage, etc. (1). Les industriels donnèrent à travailler en atelier, afin de se soustraire à cette augmentation de dépenses; ils imposèrent une plus grande tâche dans un temps plus limité. Les ouvrières les moins habiles furent congédiées, et celles qui se trouvaient retenues au foyer par des raisons particulières, souffrirent du chômage.

Peu à peu, cependant, les obstacles s'aplanirent. L'employeur s'aperçut que l'apprenti, stimulé par un léger gain, acquiert plus rapidement les qualités professionnelles et rend de la sorte plus de services. Envisageant la situation dans son ensemble, un inspecteur des fabriques pouvait affirmer en 1901 « qu'il n'y a plus maintenant de sweating dans l'industrie du vêtement de l'État de Victoria. Dans le court espace de 3 années, déclare-t-il, toutes les circonstances ont changé. Il n'y a plus à enregistrer de plaintes sur le sweating terrible; il n'est plus parlé de misérables intérieurs et de salaires plus misérables encore. *La majorité des industriels* reconnaît maintenant que la loi a été favorable aux bons travailleurs aussi bien qu'aux employeurs (2). »

Et, d'après d'autres rapports plus récents (1903), l'industrie du vêtement qui est florissante, prendrait encore plus d'extension si la loi s'appliquait aux autres États australiens (3).

Les résultats obtenus par les décisions des deux autres « Boards » sont moins satisfaisants, bien qu'ils ne soient pas méprisables.

Le premier, celui de la « chemiserie » (Shirt Trade), n'agit qu'avec infiniment de circonspection et n'ar-

(1) W. P. Reeves, *State Experiments in Australia and New-Zealand*, 1902, p. 56.

(2) Cité par Reeves, *State Experiments...*, p. 57.

(3) *Report of the Chief Inspector*, Melbourne, 1903. p. 29.

riva à faire connaître ses décisions qu'en janvier 1898. Il se contenta de stipuler un minimum de 0 fr. 40 par heure pour les ouvrières travaillant en atelier (il n'y avait pour ainsi dire point d'ouvriers employés dans cette profession), ce qui établit le gain minimum pour la semaine — 48 heures — à 20 francs (1). Le minimum pour le travail « aux pièces » devait correspondre.

En 1901 cette modeste paye reçut une bonification en moyenne de 0 fr. 30 par semaine. Mais comme dans ce métier on a constaté un accroissement très notable de jeunes ouvrières, conséquence certaine du payement accordé aux apprenties, en réalité le salaire moyen n'est pas supérieur à 17 fr. 90 (2).

Avant la fixation d'un minimum de salaire, il paraît que toutes les ouvrières de la lingerie (Underclothing) étaient réduites à l'indigence.

Un rapport (1898) indiquait les salaires suivants, qui sont assez suggestifs.

Manteaux de nuit, la douzaine.	3 fr. 10
Chemises de femmes.	1 fr. 85
Taies d'oreiller ouvragées	0 fr. 90
Taies d'oreiller plus simples.	0 fr. 45

Cela revenait à dire que des ouvrières habiles pratiquant l'aiguille depuis cinq ou six ans faisaient du travail à raison de 0 fr. 20 l'heure (3).

Après trois ans d'efforts infructueux, le « Underclothing Board » se prononça enfin vers le milieu de 1899. Le travail, dans cette industrie, serait rétribué ainsi que pour la chemiserie à raison de 0 f. 40 l'heure (4).

(1) Reeves, *op. cit.* p. 53.
(2) *Report of the Chief Inspector*, Melbourne, 1903, p. 28.
(3) *Report of the Chief Inspector*, Melbourne, 1898.
(4) Reeves, *op. cit.*, p. 60.

C'était, en réalité, doubler le salaire. Seulement, comme l'industrie de la lingerie comprend une infinité d'articles dont on peut se faire une idée en songeant qu'elle groupe des objets aussi divers que linge de femme, tabliers d'enfants ou taies d'oreiller, le « Conseil » se déclara impuissant à fixer le tarif du « travail aux pièces ». Il alléguait la variété des articles et le changement incessant des genres.

Ainsi que la loi l'y autorisait, il accorda aux industriels le soin de déterminer eux-mêmes leurs tarifs en se basant sur l'échelle de 0.40 l'heure. C'était certainement laisser une porte ouverte à l'arbitraire. Un certain nombre de plaintes (1) ont été adressées au service de l'inspection, qui fait remarquer, en outre, que dans un grand nombre de cas, les salaires payés, s'ils sont conformes aux règlements, sont aussi bas qu'ils peuvent l'être. Souvent il n'y a pas « un penny alloué au-dessus de ce que le « Board » exige » surtout dans la lingerie grossière (2).

Ici encore on signale, comme dans la « Shirt-Trade » et pour les mêmes causes, une augmentation numérique de jeunes ouvrières. Le salaire moyen qui était de 14 francs environ en 1898 s'est légèrement élevé. En 1901, il est de 15 fr. 70 ; en 1902, de 15 fr. 80 (3).

Évidemment d'aussi modiques bonifications ne pouvaient entraîner de perturbation dans les affaires de Victoria. « On constate, au contraire, un considérable accroissement dans l'exportation et les industriels soutiennent la concurrence avec les autres États (4). »

(1) *Report of the Chief Inspector*, 1903, p. 30.
(2) *Ibid.*, 1903, p. 30.
(3) *Ibid.*, 1903, p. 30.
(4) *Ibid.*, 1903, p. 30.

— Pour permettre au lecteur de juger la situation d'ensemble, en toute connaissance de cause, il nous faut enfin insister sur une lacune déjà mentionnée. En 1903 il n'existait pas encore de « Conseil » pour la confection des vêtements de femmes et d'enfants.

« Les prix payés pour quelques-uns de ces articles, dit une inspectrice, sont très bas et comme la concurrence est très grande dans cette profession, il est à prévoir qu'ils tomberont même plus bas encore. Beaucoup de peignoirs qui sont mis en vente à l'étalage des magasins à des prix variant entre 6 et 9 francs sont faits à raison de 0 fr. 50 pièce. Et l'ouvrière fournit le fil (1). »

Une autre inspectrice cite les exemples suivants : des robes et des jupes doublées sont payées à raison de 0 fr. 70 chaque ; de longs jupons, travaillés à la machine, au tarif de 1 fr. 05, d'autres du même genre, mais tout à fait soignés, à raison de 1 fr. 55 ou de 1 fr. 85 (2).

Le « Dressmaker-Board » est d'une nécessité urgente, ajoutent-elles, et elles pensent que si la loi était plus stable il existerait déjà (3).

De tout ce qui vient d'être dit, il résulte donc que tout le personnel féminin des principales industries à domicile ne bénéficie pas encore de la fixation du minimum de salaire, et celui-là même qui est protégé ne jouit encore que de très légères améliorations de salaire.

(1) *Report of the Chief Inspector*, 1903, p. 39.
(2) *Ibid.*, 1903, p. 38.
(3) *Ibid.*, p. 37.
Depuis que ces lignes ont été écrites, le Dressmaker-board a été organisé, il fonctionne, paraît-il, depuis le 5 septembre 1904. (*Report of the Chief Inspector...* 1905).

— Telle qu'elle est, l'œuvre accomplie à Victoria est donc incomplète. Mais les critiques les plus sérieuses ne peuvent en diminuer la portée. Essayons, en effet, de grouper les principales de ces objections et d'y répondre.

Les unes ne sont pas particulières au système du minimum de salaire et peuvent s'adresser à toutes les lois : ce sont les difficultés d'application des règlements. Sans doute, dans notre cas, le contrôle est fort malaisé. Cependant le principe de l'élévation des salaires, en facilitant l'organisation des syndicats, qui veilleraient aux intérêts de leur membres et signaleraient les fraudes aux inspecteurs, simplifierait la tâche de ces derniers.

Les autres objections ne sont pas nécessairement la conséquence logique des «Wages-Boards» comme, par exemple, l'habitude arbitraire de limiter le nombre des apprentis, ou les longueurs par où il faut en passer avant que chaque corps de métier n'ait pris ses résolutions. En effet, tous les métiers pourraient, ce semble, procéder à une entente commune. Et d'autre part l'on ne voit pas pourquoi la liberté dans le choix du nombre des apprentis devrait forcément mettre à bas le système du minimum de salaire.

Finalement la critique qui s'attaque au système même, la plus forte, celle qui prétend que le salaire minimum devient le salaire maximum, est généralement réfutée par les faits. Nous avons bien vu, il est vrai, que dans la lingerie grossière, le taux paraît se maintenir au minimum, lequel, soit dit en passant, serait plus bas encore sans l'intervention des « Conseils » ; mais cela paraît être une exception. Un inspecteur affirme le contraire dans le plus grand des cas, il dit que « tandis que dans l'industrie du vêtement en 1901, le minimum de salaire pour les adultes (ouvriers) était de 46 francs par semaine, la moyenne était de 67 francs ; et pour les ouvrières, tandis que le minimum était de 25 francs, la moyenne était de 28 francs environ (1) ». Il donnait des exemples similaires pour la chaussure, l'ébénisterie, la chemiserie.

Les événements ont prouvé, d'une façon certaine, que les résultats obtenus par l'application du minimum de salaire n'ont pas déçu entièrement les ouvrières.

S'il en avait été autrement, en 1902 les ouvrières, tout aussi bien que les ouvriers, n'auraient pas envoyé des délégués auprès du gouvernement de Victoria pour demander le maintien de la loi (2).

Et s'il n'y avait pas quelque avantage à fixer un minimum de salaire, la Commission de Sud-Australie qui procéda en Victoria même, en 1901, à une enquête pour constater le bien fondé de cette mesure, n'aurait pas adopté le remède « héroïque » pour combattre, chez elle, les inconvénients du sweating (3).

Certainement on ne doit pas dédaigner l'expérience de la colonie anglaise. Et si les améliorations acquises ne sont pas encore très accusées, il faut songer à tous les obstacles que rencontraient les novateurs. Il fallait beaucoup de circonspection pour ne pas discréditer leur système... De là sans doute le défaut de hardiesse dans l'entreprise.

L'objection la plus forte que l'on élève contre la fixation du minimum de salaire, c'est qu'il tend à réduire le salaire des bons ouvriers. Il paraît, d'après des renseignements recueillis récemment, qu'il n'en

(1) Cité par Reeves, p. 62.
(2) *The Women's Trades Union Review*, janvier 1903.
(3) Reeves, *op. cit.*, p. 27.

est rien (1). En Australie, les *ouvrières les plus expertes ont reçu de meilleurs salaires depuis que les ouvrières les moins habiles sont mieux rétribuées.* Le minimum de salaire, en un mot, ne nivèle pas le taux des salaires.

Dans tous les grands États industriels, la question de la fixation d'un minimum de salaire, aussi bien en Angleterre (2) en Allemagne, qu'en France est à l'ordre du jour (3).

3° LES ASSURANCES OUVRIÈRES

Les retraites ouvrières. — Par la loi sur les accidents du travail (1898), l'État est intervenu dans la voie des assurances ouvrières. Devant l'impuissance de l'initiative privée, on s'accorde aujourd'hui à reconnaître que c'est à l'État que revient le soin d'accorder des retraites aux travailleurs, hommes et femmes. On sait qu'un projet de loi a été discuté dernièrement devant les Chambres; chacun a présent à la mémoire ses dispositifs, qu'il nous suffise donc de rappeler les précédents sur lesquels on s'appuie.

Si en Belgique la retraite des travailleurs n'est encore que facultative, en Nouvelle-Zélande, une

(1) *The Women Industrial News* juin 1906, p. 560.

« En Angleterre Mrs Edith Macresty propose de fixer un minimum de salaire, déterminé par l'État et qui s'élèverait à 14 shillings par semaine pour les femmes et à 7 shillings pour les filles au-dessous de 18 ans.

(2) Voir notamment, les *Congrès pour la Protection Internationale des Travailleurs* et en particulier celui de 1906 (Genève).

Voir, aussi pour l'Angleterre, la publication de The Women's Industrial Council « *Home Industries of women in London* » 1906.

(3) Voir les *Congrès pour la Protection légale de l'Association Internationale des Travailleurs.*

pension de retraite est accordée par l'État, depuis 1898, à tous les vieillards. On nous dira que cette colonie, où le nombre d'habitants est encore assez limité, n'est point dans les mêmes conditions que nos États européens; il est vrai. Néanmoins l'Allemagne, pays peuplé, très industriel accorde depuis 1884 des pensions de retraites à ses vieux travailleurs âgés de 70 ans : ils concourent, il est vrai, à la constitution de leur retraite. Et c'est en se fondant sur ce principe que le projet de loi actuel — en faisant participer à l'établissement de la retraite en même temps que l'État, l'ouvrier et le patron, arriverait à donner à 55 ou à 60 ans d'âge, 360 francs de pension pour le moins, aux travailleurs des deux sexes, revenu strictement nécessaire pour garantir l'existence (1).

Est-il vraiment possible d'exiger de travailleurs en général aussi mal rétribués que le sont les ouvrières en France, de pratiquer encore une retenue sur leurs très minces salaires, pour verser à la caisse de retraites leur cote-part? Cela ne semble point aisé. Mais on peut fort bien envisager la possibilité de supprimer l'intervention de la participation de certains travailleurs — ceux payés au-dessous d'un certain tarif. Soit que l'on agisse ainsi, soit que l'intervention de la contribution ouvrière soit maintenue, — et dans ce cas le salaire doit-être inéluctablement élevé — il n'est point possible de laisser, en dehors des avantages de la loi, une catégorie des plus intéressantes parmi la classe ouvrière.

(1) PAUL GUIEYSSE, *Rapport sur les retraites ouvrières*, p. 21 et sq.

*
* *

La loi sur les maladies professionnelles. — Si la loi sur les accidents du travail a le mérite d'avoir jeté les bases de la législation française relative aux assurances ouvrières, elle est loin d'être pleinement satisfaisante. Elle ne prévoit pas tous les risques qui proviennent du travail; elle ne peut rien pour la malheureuse qui en travaillant par exemple la bourre du chapelier a contracté une maladie nerveuse aiguë. Elle n'indemnise pas le travailleur dont le métier a pris la santé et mis la vie en danger.

Une loi sur les maladies professionnelles, ainsi que le projet en a été mis à l'étude à diverses reprises (1), devrait combler cette lacune.

*
* *

L'assurance contre le chômage. — De même que la journée de 8 heures est inscrite dans notre programme de réformes relatives à la protection du travail, l'assurance contre le chômage fera partie des assurances ouvrières.

La réduction de la journée de travail est du reste un moyen d'atténuer le chômage; mais il ne peut le faire disparaître. Tant que le chômage existe — et le perfectionnement du machinisme tend à l'accroître, — il faut permettre aux travailleurs de vivre malgré ce risque (2). On y arrivera par une contribution de

(1) Projet de loi Dubief 1905.

(2) « Puisque la société tout entière, a dit M. Fontaine au Conseil Supérieur du Travail, doit profiter du progrès réalisé par les inventions utiles, il n'est pas juste que pendant un

l'État et des ouvriers, versée à la caisse de chômage du syndicat puisque aussi bien la grande majorité de ces caisses ont été fondées par les syndicats ouvriers et qu'ils sont mieux qualifiés, l'exemple l'a prouvé, pour répartir ces subsides, que l'État lui-même (1).

temps assez long il y ait une catégorie de citoyens les plus pauvres, qui souffrent seuls de la situation; il est naturel que la Société qui recueille le bénéfice de l'application d'un outillage nouveau, ait l'obligation de pourvoir aux besoins des ouvriers privés de leur gagne pain et à ceux de leur famille. »

(1) Voir : Dubief, *À travers la législature du Travail*, p. 144 et suivantes.

Voir aussi Bourgin, *Les systèmes socialistes et l'évolution économique*.

CHAPITRE II

L'œuvre d'éducation.

Le problème du travail féminin dans la littérature et la vie publique. — Une œuvre d'éducation s'impose. — Du rôle de l'initiative privée : la documentation. — Du rôle de l'État : l'enseignement des filles.

Pour que la législation industrielle en faveur de l'ouvrière soit non seulement édictée, mais encore appliquée, pour que les diverses améliorations provoquées par l'initiative privée produisent leurs effets, il faut que le milieu social soit favorable, il faut qu'il soit gagné à la question sociale. Or, quoique l'esprit démocratique et le socialisme fassent chaque jour des progrès, cette cause est loin d'être encore entièrement gagnée. Sans doute, de nombreuses manifestations de la vie publique témoignent de l'intérêt que notre société porte à la question sociale et en particulier aux problèmes du travail féminin. Dans la littérature, par exemple, le souci des préoccupations sociales de nos contemporains se reflète. L'ouvrier (1), même l'ouvrière, y tiennent un rang. A côté des revendications des féministes, des femmes de la bourgeoisie, des « Nora », les revendi-

(1) GEORGES WEILL. *Histoire du mouvement social en France*, p. 412 et sq. (Paris, F. Alcan).

cations des femmes de la classe populaire se font jour. Non seulement les œuvres des économistes, mais le roman, le théâtre, empruntent à la réalité des situations émouvantes, posent les graves problèmes du travail féminin.

La *herscheuse* de Zola, dans *Germinal*, occupée au dur labeur de la mine, est un plaidoyer vibrant contre le travail insalubre et n'a sans doute pas été étrangère à l'interdiction légale de ce travail. La *Blanchette* de Brieux, dans ses imprécations véhémentes contre Paris, dénonce les tares du travail à domicile. Puis ce sont les « remèdes » au mal social qui passent au scalpel de la critique, et entre autres la philanthropie, les bonnes œuvres qui *sauvent* la femme quelques semaines tant que l'institution charitable lui ouvre son dortoir et son réfectoire, mais qui la rejettent ensuite dans la vie, désarmée comme auparavant : tels sont quelques personnages épisodiques de *la Rebelle*, l'un des derniers romans de Mme Marcelle Tinayre.

La silhouette vivante et douloureuse de l'ouvrière, qui se profile au travers de toutes ces œuvres, où elle ne tient cependant qu'un rang secondaire, s'affirme davantage encore dans quelques autres romans. Là, elle tient le premier rôle, elle est l'héroïne ; à elle seule, elle a la scène. C'est *Florise Bonheur* d'Adolphe Brisson ; c'est l'*Apprentie* de Gustave Geffroy, la couturière parisienne qui doit posséder des trésors de vertu et de courage pour résister à l'attraction de la rue, aux mauvais exemples de l'atelier, aux conseils dangereux d'une patronne sentimentale ou équivoque, à la démoralisation qui émane même du foyer.

Et voici que le thème lyrique et musical même va puiser dans la sève populaire pour se rajeunir : le feu de la rampe ne s'éclaire plus en l'honneur de la grande princesse rutilante de soies et de diamants, mais devant *Louise*, la petite ouvrière des faubourgs, qui fait tressaillir d'enthousiasme lorsqu'elle chante l'éternelle chanson d'amour !

En dehors de la littérature, dans la vie, des groupements, des associations, dont les membres ont des opinions politiques les plus diverses, s'unissent pour atteindre le même but, pour améliorer pratiquement la situation des ouvrières en faisant de l'agitation, de la propagande en faveur des travailleurs, et en particulier de la femme, de l'enfant. L'une de ces Associations, l'*Association pour la protection légale des travailleurs* (1), réclame une intervention plus large des pouvoirs publics, une législation ouvrière plus étendue en France et à l'étranger; elle prépare officieusement des conventions internationales entre les divers États européens, relatives aux questions du travail (2).

Une autre de ces associations, la *ligue d'acheteurs* tend à faire l'éducation sociale des consommateurs, et entend par là, par ce moyen, soutenir les intérêts des travailleurs. Cette société a des organisations en Amérique, en France, en Allemagne, en Suisse (3).

Enfin, une œuvre d'éducation proprement dite est entreprise depuis plusieurs années déjà par les Universités populaires, répandues dans toutes les grandes villes de France (4).

(1) Voir Annexes, p. 191.

(2) Ainsi le congrès de Berne (conférence internationale mai 1905) a voté la suppression du travail de nuit des femmes, et préparé la conférence diplomatique de Berne, 17 septembre 1906.

(3 Voir annexes, p. 193.

(4) MAURICE PELLISSON, *Les œuvres auxiliaires et complémentaires de l'École*, 1905.

A n'en point douter, il existe à cette heure, un mouvement social ; mais ceux qui le propagent sont trop peu nombreux.

Il n'y aura de larges réalisations que lorsque la masse sera conquise. Il faut donc que les convaincus fassent non seulement de l'action, mais de l'éducation.

Pour atteindre la foule, le journal est un excellent moyen. Mais la presse quotidienne, en général, s'intéresse peu aux questions du travail féminin. C'est que la documentation scientifique est insuffisante : et c'est de ce côté que les amis de l'ouvrière devraient porter leur effort. En Angleterre, deux sociétés principalement composées de femmes, *The Women's Trade Union League* et *The Women's Industrial Council* (1) se livrent régulièrement à des enquêtes sur le travail féminin, surtout la dernière de ces associations. *La Fabian Society* comme en Allemagne, le *Verein fur Sozial politik*, association pour l'étude des questions sociales, poursuit le même but.

Il faudrait également que des périodiques recueillent les faits statistiques qui tiendraient l'opinion en haleine. Les deux associations anglaises dont on vient de parler ont chacune un organe de propagande, ce sont les revues : *The Women's Trade Union League* et *The Women's industrial News*.

Il faut que l'État intervienne à son tour pour introduire certaines réformes dans l'enseignement.

(1) On peut citer parmi les plus récentes de ces enquêtes : *Women in the printing trades* : la femme dans l'industrie du livre.

Home industries of women in London 1906. Le travail à domicile des femmes à Londres et la publ. à laquelle nous avons fait des emprunts : *Technical Education at home and abroad*, etc.

Les ouvrières, en général, se désintéressent trop de leur propre situation. Accablées par leurs infortunes, par le cruel souci du pain quotidien, elles sont pour ainsi dire insensibles à leur sort, inconscientes de l'esprit de solidarité qui doit les unir aux autres femmes ouvrières comme elles ; insouciantes des efforts que l'on tente pour améliorer leurs conditions, méfiantes souvent à l'égard de ceux qui parlent pour elles ! Il faut réagir. L'enseignement de l'école primaire doit faire leur éducation, une éducation que les programmes actuels négligent totalement. Ainsi, un enseignement donné dans la douzième ou la treizième année, qui d'une manière simple ferait comprendre à l'enfant, l'apprentie de demain, l'intérêt qu'elle a à bien connaître les lois qui régissent le travail -- son travail — qui lui montrerait par des exemples, des récits, l'utilité de l'organisation syndicale, aurait grande chance de porter des fruits. A cet âge, l'enfant n'est point encore lancé dans les soucis de l'existence, et la parole du maître pénètre profondément. Cette tâche n'est point au-dessus ni à côté de fonctions de l'institutrice.

Dans tous les ordres d'enseignement, nous voyons en effet aujourd'hui que l'on s'efforce d'adapter les programmes aux besoins de la société moderne.

Les femmes de la bourgeoisie s'intéressent beaucoup moins que les hommes aux questions d'ordre économique. Leurs loisirs leur permettraient pourtant d'être de précieux auxiliaires de la cause de l'ouvrière. Il faut faire leur éducation sociale dès le lycée. Ce ne sont point les patronages, ni les productions littéraires, trop rares encore, qui combleraient la lacune. Le jeudi, au patronage, les grandes sont conviées pour amuser les enfants du peuple, les petites filles de l'école primaire. On les fait danser, chanter, jouer. Et les jeunes filles se prêtent de bonne grâce à ce rôle de grande sœur (1). Mais cela ne va pas plus loin. De l'existence de l'ouvrière, la jeune lycéenne ignore tout. Tout, sauf peut-être les vers de Musset :

> Mimi Pinson porte une rose,
> Une rose blanche au côté.

Par quelques notions sur le travail de l'ouvrière, que l'on donnerait aux élèves des classes supérieures ; par quelques lectures heureusement choisies qui laisseraient entrevoir la réalité sombre, on élargirait les cadres d'un enseignement, qui vise tout autant à élever le cœur que l'esprit.

Mais pour que les professeurs de nos lycées de jeunes filles préparent leurs élèves à voir et à sentir ces tristes réalités, pour que les maîtresses leur donnent l'envie d'y remédier dans la mesure de leurs moyens, il faut qu'elles soient elles-mêmes préparées aux idées qu'elles enseignent. Leur programme d'études devrait s'orienter aussi de ce côté-là, quitte à retrancher par ailleurs. On ne saurait admettre qu'elles s'imaginent de nos jours, comme telle d'entre elles « qu'une inspectrice du travail est chargée de s'assurer de la bonne exécution de l'ouvrage ». Une série de conférences dans le genre de celles inaugurées à l'École Polytechnique, donnée aux élèves de Sèvres et de Fontenay formerait l'éducation supérieure sociale de notre personnel d'enseignement féminin.

(1) Ferdinand Dreyfus, *Le patronage féminin*, p. 30.

CONCLUSION

En résumé, sous l'action des initiatives publiques et privées, la situation de l'ouvrière s'est améliorée depuis la première moitié du XIXe siècle. Si, au point de vue du salaire, les syndicats et coopératives n'ont obtenu que des avantages insignifiants, *au point de vue de la durée du travail et de l'hygiène*, le progrès est très apparent dans la grande industrie, grâce à la *réglementation du travail.*

La journée de 10 heures, une meilleure hygiène à l'atelier, la suppression d'un certain nombre d'accidents du travail due à notre législation ouvrière, sont des avantages qu'on ne saurait trop apprécier.

C'est par une intervention plus large des pouvoirs publics qu'il faut compléter l'œuvre commencée...

La législation protectrice du travail présente bien quelques légers inconvénients ; il est évident, par exemple, que les prohibitions légales qui enlèvent aux femmes, pour épargner leur santé, la liberté d'exercer *des métiers qui tuent*, leur nuisent momentanément en leur enlevant leur gagne-pain de l'heure. Mais cet inconvénient n'est que temporaire : chaque jour, les métiers sont plus nombreux, vu le perfectionnement du machinisme, où la femme peut trouver une place.

Impuissante en général à imposer ses justes revendications même au seul point de vue de la rétribution, par l'organisation syndicale, l'ouvrière ne peut compter sur ses seules forces pour obtenir des conditions de travail plus équitables. Il faut qu'elle ait recours à la protection de l'État. L'intervention des pouvoirs publics est donc nécessaire.

Mais la législation du travail actuelle présente *des vices* qui la rendent souvent vaine, surtout dans la petite industrie en atelier. Les tolérances relatives à la veillée, l'insuffisance numérique des agents chargés d'exécuter le contrôle des lois; les sanctions infimes dont disposent indirectement les inspecteurs et inspectrices du travail, sont parmi les principales causes qui rendent la loi lettre-morte. Mais on peut remédier aux lacunes de notre protection légale.

Un autre vice de la législation actuelle *c'est qu'elle ne s'applique pas à l'industrie à domicile*. Aussi notre réglementation est une prime au développement de cette industrie où les conditions de travail sont déplorables, où domine le régime flétri du nom de *sweating-system*. Il faut réglementer le travail en chambre pour faire disparaître ces inconvénients. Par la fixation d'un minimum de salaire surtout, on obtiendra l'amélioration des conditions générales de ce travail.

Indépendamment de ses vices, auxquels on peut obvier, la législation actuelle est insuffisante, incomplète. Par une série de réformes dans la diminution de la durée de travail (repos du samedi après-midi, repos des femmes en couches, journée de 8 heures) on peut ménager les forces physiques de l'ouvrière, lui donner plus de loisirs pour remplir ses devoirs de femme dans la famille, pour remplir les devoirs individuels qu'elle a vis-à-vis d'elle-même afin de se perfectionner intellectuellement, moralement par plus de culture. Par les assurances ouvrières, englobant tout le cycle des risques professionnels, on peut lui épargner les tortures physiques et morales de l'insécurité, soit pendant la période active de sa vie d'ouvrière, soit lorsqu'arrive la vieillesse.

Tel est le programme de réformes que nous avons tracé, et dont l'adoption doit être facilitée en premier lieu parce que la plupart de ces réformes sont déjà inscrites dans le code industriel des grandes nations (Angleterre, Allemagne, États-Unis, etc.); en second lieu, parce que des conventions internationales en préparèrent l'avènement; finalement parce qu'une œuvre d'éducation commencée et qui se poursuit, concourt vers le même but.

Est-ce à dire que lorsque la législation améliorée, sera rigoureusement appliquée, que le syndicat, de ce fait, pourra se faire écouter, obtenir de meilleurs salaires, plus équitables, tout ce que l'on peut demander pour l'ouvrière sera réalisé ? Nous ne le pensons pas : tant que la société sera organisée sur les bases actuelles, tant que l'antagonisme du capital et du travail existera, tant qu'il y aura des classes, l'ouvrière sera exploitée. Elle pourra l'être moins; elle le sera toujours. Son exploitation ne cessera que dans le socialisme. A vrai dire, toutes les réformes dont on a parlé y acheminent.

PIÈCES ANNEXES

RÉGLEMENTATION DU TRAVAIL ET HYGIÈNE

Loi du 2 novembre 1892.

Sur le travail des enfants, des filles mineures et des femmes dans les établissements industriels.

Le Sénat et la Chambre des députés ont adopté,

Le Président de la République promulgue la loi dont la teneur suit :

SECTION PREMIÈRE

DISPOSITIONS GÉNÉRALES. — AGE D'ADMISSION. DURÉE DU TRAVAIL.

Article premier. — Le travail des enfants, des filles mineures et des femmes dans les usines, manufactures, mines, minières et carrières, chantiers, ateliers et leurs dépendances, de quelque nature que ce soit, publics ou privés, laïques ou religieux, même lorsque ces établissements ont un caractère d'enseignement professionnel ou de bienfaisance, est soumis aux obligations déterminées par la présente loi.

Toutes les dispositions de la présente loi s'appliquent aux étrangers travaillant dans les établissements ci-dessus désignés.

Sont exceptés les travaux effectués dans les établissements où ne sont employés que les membres de la famille sous l'autorité soit du père, soit de la mère, soit du tuteur.

Néanmoins, si le travail s'y fait à l'aide de chaudière à vapeur ou de moteur mécanique, ou si l'industrie exercée est classée au nombre des établissements dangereux ou insalubres, l'inspecteur aura le droit de prescrire les mesures de sécurité et de salubrité à prendre, conformément aux articles 12, 13 et 14.

Art. 2. — Les enfants ne peuvent être employés par les patrons, ni être admis dans les établissements énumérés dans l'article premier, avant l'âge de treize ans révolus.

Toutefois, les enfants munis du certificat d'études primaires, institué par la loi du 28 mars 1882, peuvent être employés à partir de l'âge de douze ans.

Aucun enfant âgé de moins de treize ans ne pourra être admis au travail dans les établissements ci-dessus visés, s'il n'est muni d'un certificat d'aptitude physique délivré, à titre gratuit, par l'un des médecins chargés de la surveillance du premier âge ou l'un des médecins inspecteurs des écoles, ou tout autre médecin, chargé d'un service public, désigné par le préfet. Cet examen sera contradictoire, si les parents le réclament.

Les inspecteurs du travail pourront toujours requérir un examen médical de tous les enfants au-dessous de seize ans, déjà admis dans les établissements susvisés, à l'effet de constater si le travail dont ils sont chargés excède leurs forces.

Dans ce cas, les inspecteurs auront le droit d'exiger leur renvoi de l'établissement sur l'avis conforme de l'un des médecins désignés au paragraphe 3 du présent article, et après examen contradictoire, si les parents le réclament.

Dans les orphelinats et institutions de bienfaisance visés à l'article premier, et dans lesquels l'instruction primaire est donnée, l'enseignement manuel ou professionnel, pour les enfants âgés de moins de treize ans, sauf pour les enfants âgés de douze ans munis du certificat d'études primaires, ne pourra pas dépasser trois heures par jour.

Art. 3. — *Les enfants de l'un et de l'autre sexe âgés de moins de seize ans ne peuvent être employés à un travail effectif de plus de dix heures par jour.*

Les jeunes ouvriers ou ouvrières de seize à dix-huit ans ne peuvent être employés à un travail effectif de plus de soixante heures par semaine, sans que le travail journalier puisse excéder onze heures.

Les filles au-dessus de dix-huit ans et les femmes ne peuvent être employées à un travail effectif de plus de onze heures par jour.

Les heures de travail ci-dessus indiquées seront coupées par un ou plusieurs repos dont la durée totale ne pourra être inférieure à une heure et pendant lesquels le travail sera interdit (1).

SECTION II

TRAVAIL DE NUIT. — REPOS HEBDOMADAIRE.

Art. 4. — Les enfants âgés de moins de dix-huit ans, les filles mineures et les femmes ne peuvent être employés à aucun travail de nuit dans les établissements énumérés à l'article premier.

Tout travail entre neuf heures du soir et cinq heures du matin est considéré comme travail de nuit; toutefois, le travail sera autorisé de quatre heures du matin à dix heures du soir, quand il sera réparti entre deux postes d'ouvriers ne travaillant pas plus de neuf heures chacun.

Le travail de chaque équipe sera coupé par un repos d'une heure au moins.

Il sera accordé, pour les femmes et les filles âgées de plus de dix-huit ans, à certaines industries qui seront déterminées par un règlement d'administration publique et dans les conditions d'application qui seront précisées dans le dit règlement, la faculté de prolonger le travail

(1) Article abrogé par la loi du 30 mars 1900.

jusqu'à onze heures du soir, à certaines époques de l'année, pendant une durée totale qui ne dépassera pas soixante jours. En aucun cas, la journée de travail effectif ne pourra être prolongée au delà de douze heures.

Il sera accordé à certaines industries, déterminées par un règlement d'administration publique, l'autorisation de déroger d'une façon permanente aux dispositions des paragraphes 1 et 2 du présent article, mais sans que le travail puisse, en aucun cas, dépasser sept heures par vingt-quatre heures.

Le même règlement pourra autoriser, pour certaines industries, une dérogation temporaire aux dispositions précitées.

En outre, en cas de chômage résultant d'une interruption accidentelle ou de force majeure, l'interdiction ci-dessus peut, dans n'importe quelle industrie, être temporairement levée par l'inspecteur pour un délai déterminé (1).

Art. 5. — Les enfants âgés de moins de dix-huit ans et les femmes de tout âge ne peuvent être employés dans les établissements énumérés à l'article premier plus de six jours par semaine, ni les jours de fêtes reconnus par la loi, même pour rangement d'atelier.

Une affiche apposée dans les ateliers indiquera le jour pour le repos hebdomadaire.

Art. 6. — Néanmoins, dans les usines à feu continu, les femmes majeures et les enfants du sexe masculin peuvent être employés tous les jours de la semaine, la nuit, aux travaux indispensables, sous la condition qu'ils auront au moins un jour de repos par semaine.

Les travaux tolérés et le laps de temps pendant lequel ils peuvent être exécutés seront déterminés par un règlement d'administration publique.

Art. 7. — L'obligation du repos hebdomadaire et les restrictions relatives à la durée du travail peuvent être temporairement levées par l'inspecteur divisionnaire, pour les travailleurs visés à l'article 5, pour certaines

(1) Voir le paragraphe additionnel, loi du 30 mars 1900.

industries à désigner par le susdit règlement d'administration publique.

Art. 8. — Les enfants des deux sexes âgés de moins de treize ans ne peuvent être employés comme acteurs, figurants, etc., aux représentations publiques données dans les théâtres et cafés-concerts sédentaires.

Le Ministre de l'Instruction publique et des beaux-arts, à Paris, et les préfets, dans les départements, pourront exceptionnellement autoriser l'emploi d'un ou plusieurs enfants dans les théâtres pour la représentation de pièces déterminées.

SECTION III

TRAVAUX SOUTERRAINS.

Art. 9. — Les filles et les femmes ne peuvent être admises dans les travaux souterrains des mines, minières et carrières.

Des règlements d'administration publique détermineront les conditions spéciales du travail des enfants de seize à dix-huit ans, du sexe masculin, dans les travaux souterrains ci-dessus visés.

Dans les mines spécialement désignées par des règlements d'administration publique, comme exigeant, en raison de leurs conditions naturelles, une dérogation aux prescriptions du paragraphe 2 de l'article 4, ces règlements pourront permettre le travail des enfants à partir de quatre heures du matin et jusqu'à minuit, sous la condition expresse que les enfants ne soient pas assujettis à plus de huit heures de travail effectif, ni à plus de dix heures de présence dans la mine par vingt-quatre heures.

SECTION IV

SURVEILLANCE DES ENFANTS.

Art. 10. — Les maires sont tenus de délivrer gratuitement aux père, mère, tuteur ou patron, un livret sur lequel sont portés les noms et prénoms des enfants des deux sexes âgés de moins de dix-huit ans, la date, le lieu de leur naissance et leur domicile.

Si l'enfant a moins de treize ans, le livret devra mentionner qu'il est muni du certificat d'études primaires institué par la loi du 28 mars 1882.

Les chefs d'industrie ou patrons inscriront sur le livret la date de l'entrée dans l'atelier et celle de la sortie. Ils devront également tenir un registre sur lequel seront mentionnées toutes les indications insérées au présent article.

Art. 11. — Les patrons ou chefs d'industrie et loueurs de force motrice sont tenus de faire afficher dans chaque atelier les dispositions de la présente loi, les règlements d'administration publique relatifs à son exécution et concernant plus spécialement leur industrie, ainsi que les adresses et les noms des inspecteurs de la circonscription.

Ils afficheront également les heures auxquelles commencera et finira le travail, ainsi que les heures et la durée des repos. Un duplicata de cette affiche sera envoyé à l'inspecteur, un autre sera déposé à la mairie.

L'organisation de relais qui aurait pour effet de prolonger au-delà de la limite légale la durée de la journée de travail est interdite pour les personnes protégées par la présente loi (1).

Dans toutes les salles de travail des ouvroirs, orphelinats, ateliers de charité ou de bienfaisance dépendant des établissements religieux ou laïques, sera placé d'une façon permanente un tableau indiquant, en caractères facilement lisibles, les conditions du travail des enfants, telles qu'elles résultent des articles 2, 3, 4 et 5, et déterminant l'emploi de la journée, c'est-à-dire les heures du travail manuel, du repos, de l'étude et des repas. Ce tableau sera visé par l'inspecteur et revêtu de sa signature.

Un état nominatif complet des enfants élevés dans les établissements ci-dessus désignés, indiquant leurs noms

(1) Modifié par la loi du 30 mars 1900.

et prénoms, la date et le lieu de leur naissance, et certifié conforme par les directeurs de ces établissements, sera remis tous les trois mois à l'inspecteur et fera mention de toutes les mutations survenues depuis la production du dernier état.

SECTION V

HYGIÈNE ET SÉCURITÉ DES TRAVAILLEURS.

Art. 12. — Les différents genres de travail présentant des causes de danger, ou excédant les forces, ou dangereux pour la moralité, qui seront interdits aux femmes, filles et enfants, seront déterminés par des règlements d'administration publique.

Art. 13. — Les femmes, filles et enfants ne peuvent être employés dans des établissements insalubres ou dangereux, où l'ouvrier est exposé à des manipulations ou à des émanations préjudiciables à la santé, que sous les conditions spéciales déterminées par des règlements d'administration publique pour chacune de ces catégories de travailleurs.

Art. 14. — Les établissements visés dans l'article premier et leurs dépendances doivent être tenus dans un état constant de propreté, convenablement éclairés et ventilés. Ils doivent présenter toutes les conditions de sécurité et de salubrité nécessaires à la santé du personnel.

Dans tout établissement contenant des appareils mécaniques, les roues, les courroies, les engrenages et tout autre organe pouvant offrir une cause de danger seront séparés des ouvriers de telle manière que l'approche n'en soit possible que pour les besoins du service.

Les puits, trappes et ouvertures de descente doivent être clôturés.

Art. 15 (1). — Tout accident ayant occasionné une blessure à un ou plusieurs ouvriers, survenu dans un des établissements mentionnés à l'article premier, sera l'ob-

(1) Voir l'article 11 de la loi du 9 avril 1898.

jet d'une déclaration par le chef de l'entreprise ou, à son défaut et en son absence, par son préposé.

Cette déclaration contiendra le nom et l'adresse des témoins de l'accident; elle sera faite dans les quarante-huit heures au maire de la commune, qui en dressera procès-verbal dans la forme à déterminer par un règlement d'administration publique. A cette déclaration sera joint, produit par le patron, un certificat du médecin indiquant l'état du blessé, les suites probables de l'accident et l'époque à laquelle il sera possible d'en connaître le résultat définitif.

Récépissé de la déclaration et du certificat médical sera remis, séance tenante, au déposant.

Avis de l'accident est donné immédiatement par le maire à l'inspecteur divisionnaire ou départemental.

Art. 16. — Les patrons ou chefs d'établissements doivent, en outre, veiller au maintien des bonnes mœurs et à l'observation de la décence publique.

SECTION VI

INSPECTION.

Art. 17. — Les inspecteurs du travail sont chargés d'assurer l'exécution de la présente loi et de la loi du 9 septembre 1848.

Ils sont chargés, en outre, concurremment avec les commissaires de police, de l'exécution de la loi du 7 décembre 1874 relative à la protection des enfants employés dans les professions ambulantes.

Toutefois, en ce qui concerne les exploitations de mines, minières et carrières, l'exécution de la loi est exclusivement confiée aux ingénieurs et contrôleurs des mines, qui, pour ce service, sont placés sous l'autorité du Ministre du commerce et de l'industrie.

Art. 18. — Les inspecteurs du travail sont nommés par le Ministre du commerce et de l'industrie.

Ce service comprendra :

1° Des inspecteurs divisionnaires;

2° Des inspecteurs ou inspectrices départementaux.

Un décret, rendu après avis du Comité des arts et manufactures et de la Commission supérieure du travail ci-dessous instituée, déterminera les départements dans lesquels il y aura lieu de créer des inspecteurs départementaux. Il fixera le nombre, le traitement et les frais de tournée de ces inspecteurs.

Les inspecteurs ou inspectrices départementaux sont placés sous l'autorité de l'inspecteur divisionnaire.

Les inspecteurs du travail prêtent serment de ne point révéler les secrets de fabrication et, en général, les procédés d'exploitation dont ils pourraient prendre connaissance dans l'exercice de leurs fonctions.

Toute violation de ce serment est punie conformément à l'article 378 du Code pénal.

Art. 19. — Désormais ne seront admissibles aux fonctions d'inspecteur divisionnaire ou départemental que les candidats ayant satisfait aux conditions et aux concours visés par l'article 22.

La nomination au poste d'inspecteur titulaire ne sera définitive qu'après un stage d'un an.

Art. 20. — Les inspecteurs et inspectrices ont entrée dans tous les établissements visés par l'art. premier; ils peuvent se faire représenter le registre prescrit par l'art. 10, les livrets, les règlements intérieurs et, s'il y a lieu, le certificat d'aptitude physique mentionné à l'art. 2.

Les contraventions sont constatées par les procès-verbaux des inspecteurs et inspectrices, qui font foi jusqu'à preuve contraire.

Ces procès-verbaux sont dressés en double exemplaire, dont l'un est envoyé au préfet du département et l'autre déposé au parquet.

Les dispositions ci-dessus ne dérogent point aux règles du droit commun, quant à la constatation et à la poursuite des infractions à la présente loi.

Art. 21. — Les inspecteurs ont pour mission, en dehors de la surveillance qui leur est confiée, d'établir la statistique des conditions du travail industriel dans la région qu'ils sont chargés de surveiller.

Un rapport d'ensemble résumant ces communications sera publié tous les ans par les soins du Ministre du commerce et de l'industrie.

SECTION VII

COMMISSIONS SUPÉRIEURES ET DÉPARTEMENTALES.

Art. 22. — Une Commission supérieure composée de neuf membres, dont les fonctions sont gratuites, est établie auprès du Ministre du commerce et de l'industrie. Cette Commission comprend deux sénateurs, deux députés, élus par leurs collègues, et cinq membres nommés pour une période de quatre ans par le Président de la République. Elle est chargée :

1° De veiller à l'application uniforme et vigilante de la présente loi ;

2° De donner son avis sur les règlements à faire et généralement sur les diverses questions intéressant les travailleurs protégés ;

3° Enfin, d'arrêter les conditions d'admissibilité des candidats à l'inspection divisionnaire et départementale et le programme du concours qu'ils devront subir.

Les inspecteurs divisionnaires nommés en vertu de la loi du 19 mai 1874, et actuellement en fonctions, seront répartis entre les divers postes d'inspecteurs divisionnaires et d'inspecteurs départementaux établis en exécution de la présente loi, sans être assujettis à subir le concours.

Les inspecteurs départementaux pourront être conservés sans subir un nouveau concours.

Art. 23. — Chaque année, le président de la Commission supérieure adresse au Président de la Répubique un rapport général sur les résultats de l'inspection et sur les faits relatifs à l'exécution de la présente loi.

Ce rapport doit être, dans le mois de son dépôt, publié au *Journal officiel*.

Art. 24 — Les Conseils généraux devront instituer une ou plusieurs commissions chargées de présenter, sur l'exécution de la loi et les améliorations dont elle serait susceptible, des rapports qui seront transmis au Ministre et communiqués à la Commission supérieure.

Les inspecteurs divisionnaires et départementaux, les présidents et vice-présidents du conseil de prud'hommes du chef-lieu ou du principal centre industriel du département et, s'il y a lieu, l'inspecteur des mines, font partie de droit de ces commissions dans leurs circonscriptions respectives.

Les commissions locales instituées par les articles 20, 21, 22 de la loi du 19 mai 1874 sont abolies.

ART. 25. — Il sera institué dans chaque département des comités de patronage ayant pour objet :

1° La protection des apprentis et des enfants employés dans l'industrie ;

2° Le développement de leur instruction professionnelle.

Le Conseil général dans chaque département déterminera le nombre et la circonscription des comités de patronage, dont les statuts seront approuvés dans le département de la Seine par le Ministre de l'intérieur et le Ministre du commerce et de l'industrie, et par les préfets dans les autres départements.

Les comités de patronage seront administrés par une commission composée de sept membres, dont quatre seront nommés par le Conseil général et trois par le préfet.

Ils sont renouvelables tous les trois ans. Les membres sortants pourront être appelés de nouveau à en faire partie.

Leurs fonctions sont gratuites.

SECTION VIII

PÉNALITÉS.

ART. 26. — Les manufacturiers, directeurs ou gérants d'établissements visés dans la présente loi, qui auront contrevenu aux prescriptions de ladite loi et des règlements d'administration publique relatifs à son exécution, seront poursuivis devant le tribunal de simple police et passibles d'une amende de 5 à 15 francs.

L'amende sera appliquée autant de fois qu'il y aura de personnes employées dans des conditions contraires à la présente loi.

Toutefois, la peine ne sera pas applicable, si l'infraction à la loi a été le résultat d'une erreur provenant de la production d'actes de naissance, livrets ou certificats contenant de fausses énonciations ou délivrés pour une autre personne.

Les chefs d'industrie seront civilement responsables des condamnations prononcées contre leurs directeurs ou gérants.

Art. 27. — En cas de récidive, le contrevenant sera poursuivi devant le tribunal correctionnel et puni d'une amende de 16 à 100 francs.

Il y a récidive lorsque, dans les douze mois antérieurs au fait poursuivi, le contrevenant a déjà subi une condamnation pour une contravention identique.

En cas de pluralité de contraventions entraînant ces peines de la récidive, l'amende sera appliquée autant de fois qu'il aura été relevé de nouvelles contraventions.

Les tribunaux correctionnels pourront appliquer les dispositions de l'article 463 du Code pénal sur les circonstances atténuantes, sans qu'en aucun cas l'amende, pour chaque contravention, puisse être inférieure à 5 francs.

Art. 28. — L'affichage du jugement peut, suivant les circonstances et en cas de récidive seulement, être ordonné par le tribunal de la police correctionnelle.

Le tribunal peut également ordonner, dans le même cas, l'insertion du jugement aux frais du contrevenant dans un ou plusieurs journaux du département.

Art. 29. — Est puni d'une amende de 100 à 500 francs quiconque aura mis obstacle à l'accomplissement des devoirs d'un inspecteur.

En cas de récidive, l'amende sera portée de 500 à 1,000 francs.

L'article 463 du Code pénal est applicable aux condamnations prononcées en vertu de cet article.

SECTION IX

DISPOSITIONS SPÉCIALES.

Art. 30. — Les règlements d'administration publique nécessaires à l'application de la présente loi seront rendus après avis de la Commission supérieure du travail et du Comité consultatif des arts et manufactures.

Le Conseil général des mines sera appelé à donner son avis sur les règlements prévus en exécution de l'article 9.

Art. 31. — Les dispositions de la présente loi sont applicables aux enfants placés en apprentissage et employés dans un des établissements visés à l'article premier.

Art. 32. — Les dispositions édictées par la présente loi ne seront applicables qu'à dater du 1er janvier 1893.

La loi du 19 mai 1874 et les règlements d'administration publique rendus en exécution de ses dispositions seront abrogés à la date susindiquée.

La présente loi, délibérée et adoptée par le Sénat et par la Chambre des députés, sera exécutée comme loi de l'État.

Loi du 30 Mars 1900.

Portant modification de la loi du 2 novembre 1892 sur le travail des enfants, des filles mineures et des femmes dans les établissements industriels.

Le Sénat et la Chambre des députés ont adopté,

Le Président de la République promulgue la loi dont la teneur suit :

Article premier. — Les articles 3, 4 et 11 de la loi du 2 novembre 1892 sur le travail des enfants, des filles mineures et des femmes dans les établissements industriels sont modifiés ainsi qu'il suit :

Art. 3. — Les jeunes ouvriers et ouvrières jusqu'à l'âge de dix-huit ans et les femmes ne peuvent être employés à un travail effectif de plus de onze heures par jour, coupées par un ou plusieurs repos, dont la durée totale ne pourra être inférieure à une heure et pendant lesquels le travail sera interdit.

Au bout de deux ans à partir de la promulgation de la présente loi, la durée du travail sera réduite à dix heures et demie et, au bout d'une nouvelle période de deux années, à dix heures.

Dans chaque établissement, sauf les usines à feu continu, et les mines, minières ou carrières, les repos auront lieu aux mêmes heures pour toutes les personnes protégées par la présente loi.

Art. 4, § additionnel. — A l'expiration d'un délai de deux ans à partir de la promulgation de la présente loi, les dispositions exceptionnelles concernant le travail de nuit prévues aux paragraphes 2 et 3 du présent article cesseront d'être en vigueur, sauf pour les travaux souterrains des mines, minières et carrières,

Art. 11, § 3. — Dans les établissements visés par la présente loi autres que les usines à feu continu et les établissements qui seront déterminés par un règlement d'administration publique, l'organisation du travail par relais, sauf ce qui est prévu aux paragraphes 2 et 3 de l'article 4, sera interdit pour les personnes protégées par les articles précédents, dans un délai de trois mois à partir de la promulgation de la présente loi.

Loi du 15 Février 1902.

Relative à la protection de la santé publique.

TITRE PREMIER

Des mesures sanitaires générales.

CHAPITRE PREMIER

Mesures sanitaires générales.

Article premier. — Dans toute commune, le maire est tenu, afin de protéger la santé publique, de déterminer après avis du conseil municipal et sous forme d'arrêté, municipaux portant règlement sanitaire :

1° Les précautions à prendre, en exécution de l'article 97 de la loi du 5 avril 1884, pour prévenir ou faire cesser les maladies transmissibles, visées à l'article 4 de la présente loi, spécialement les mesures de désinfection ou même de destruction des objets à l'usage des malades ou qui ont été souillés par eux, et généralement des objets quelconques pouvant servir de véhicule à la contagion;

2° Les prescriptions destinées à assurer la salubrité des maisons et de leurs dépendances, des voies privées, closes ou non à leurs extrémités, des logements loués en garni et des autres agglomérations quelle qu'en soit la nature, notamment les prescriptions relatives à l'alimentation en eau potable ou à l'évacuation des matières usées.

Art. 2. — Les règlements sanitaires communaux ne font pas obstacle aux droits conférés au préfet par l'article 99 de la loi du 5 avril 1884.

Ils sont approuvés par le préfet, après avis du conseil départemental d'hygiène. Si, dans le délai d'un an à partir de la promulgation de la présente loi, une commune n'a pas de règlement sanitaire, il lui en sera imposé un, d'office par un arrêté du préfet, le conseil départemental d'hygiène entendu.

Dans le cas où plusieurs communes auraient fait connaître leur volonté de s'associer, conformément à la loi du 22 mars 1890, pour l'exécution des mesures sanitaires, elles pourront adopter les mêmes règlements qui leur seront rendus applicables suivant les formes prévues par ladite loi.

Art. 3. — En cas d'urgence, c'est-à-dire en cas d'épidémie ou d'un autre danger imminent pour la santé publique, le préfet peut ordonner l'exécution immédiate, tous droits réservés, des mesures prescrites par les règlements sanitaires prévus par l'article 1er. L'urgence doit être constatée par un arrêté du maire, et, à son défaut, par un arrêté du préfet, que cet arrêté spécial s'applique à une ou plusieurs personnes ou qu'il s'applique à tous les habitants de la commune.

Art. 4. — La liste des maladies auxquelles sont applicables les dispositions de la présente loi sera dressée, dans les six mois qui en suivront la promulgation, par un décret du Président de la République, rendu sur le rapport du Ministre de l'intérieur, après avis de l'Académie de médecine et du comité consultatif d'hygiène publique de France. Elle pourra être revisée dans la même forme.

Art. 5. — La déclaration à l'autorité publique de tout cas de l'une des maladies visées à l'article 4 est obligatoire pour tout docteur en médecine, officier de santé ou sage-femme qui en constate l'existence. Un arrêté du Ministre de l'intérieur, après un avis de l'Académie de médecine et du comité consultatif d'hygiène publique de France, fixe le mode de la déclaration.

Art. 6. — La vaccination antivariolique est obligatoire au cours de la première année de la vie, ainsi que la revaccination au cours de la onzième et de la vingt-et-unième année.

Les parents ou tuteurs sont tenus personnellement de l'exécution de ladite mesure.

Un règlement d'administration publique, rendu après avis de l'Académie de médecine et du comité consultatif d'hygiène publique de France, fixera les mesures nécessitées par l'application du présent article.

Art. 7. — La désinfection est obligatoire pour tous les cas de maladies prévues à l'article 4 ; les procédés de désinfection devront être approuvés par le Ministre de l'intérieur, après avis du comité consultatif d'hygiène publique de France.

Les mesures de désinfection sont mises à exécution, dans les villes de 20,000 habitants et au-dessus, par les soins de l'autorité municipale, suivant des arrêtés du maire, approuvés par le préfet, et, dans les communes de moins de 20,000 habitants, par les soins d'un service départemental.

Les dispositions de la loi du 21 juillet 1856 et des décrets et arrêtés ultérieurs, pris conformément aux dispositions de ladite loi, sont applicables aux appareils de désinfection.

Un règlement d'administration publique, rendu après avis du comité consultatif d'hygiène publique de France déterminera les conditions que ces appareils doivent remplir au point de vue de l'efficacité des opérations à y effectuer.

Art. 8. — Lorsqu'une épidémie menace tout ou partie du territoire de la République ou s'y développe, et que les moyens de défense locaux sont reconnus insuffisants, un décret du Président de la République détermine, après avis du comité consultatif d'hygiène publique de France, les mesures propres à empêcher la propagation de cette épidémie.

Il règle les attributions, la composition et le ressort des autorités et administrations chargées de l'exécution de ces mesures, et leur délègue, pour un temps déterminé, le pouvoir de les exécuter. Les frais d'exécution de ces mesures, en personnel et en matériel, sont à la charge de l'État.

Les décrets et actes administratifs qui prescrivent l'application de ces mesures sont exécutoires dans les vingt-quatre heures, à partir de leur publication au *Journal officiel*.

Art. 9 — Lorsque pendant trois années consécutives le nombre des décès dans une commune a dépassé le chiffre de la mortalité moyenne de la France, le préfet est tenu de charger le conseil départemental d'hygiène de procéder, soit par lui-même, soit par la commission sanitaire de la circonscription, à une enquête sur les conditions sanitaires de la commune.

Si cette enquête établit que l'état sanitaire de la commune nécessite des travaux d'assainissement, notamment qu'elle n'est pas pourvue d'eau potable de bonne qualité ou en quantité suffisante, ou bien que les eaux usées y restent stagnantes, le préfet, après une mise en demeure à la commune, non suivie d'effet, invite le conseil départemental d'hygiène à délibérer sur l'utilité et la nature des travaux jugés nécessaires. Le maire est mis en demeure de présenter ses observations devant le conseil départemental d'hygiène.

En cas d'avis du conseil départemental d'hygiène contraire à l'exécution des travaux ou de réclamation de la part de la commune, le préfet transmet la délibération du conseil au Ministre de l'intérieur, qui, s'il le juge à propos, soumet la question au comité consultatif d'hygiène publique de France. Celui-ci procède à une enquête dont les résultats sont affichés dans la commune.

Sur les avis du conseil départemental d'hygiène et du comité consultatif d'hygiène publique, le préfet met la commune en demeure de dresser le projet et de procéder aux travaux.

Si, dans le mois qui suit cette mise en demeure, le conseil municipal ne s'est pas engagé à y déférer, ou si, dans les trois mois, il n'a pris aucune mesure en vue de l'exécution des travaux, un décret du Président de la République, rendu en conseil d'État, ordonne ces travaux dont il détermine les conditions d'exécution. La dépense ne pourra être mise à la charge de la commune que par une loi.

Le conseil général statue, dans les conditions prévues par l'article 46 de la loi du 10 août 1871, sur la participation du département aux dépenses des travaux ci-dessus spécifiés.

Art. 10. — Le décret déclarant d'utilité publique le captage d'une source pour le service d'une commune déterminera, s'il y a lieu, en même temps que les terrains à acquérir en pleine propriété, un périmètre de protection contre la pollution de ladite source. Il est interdit d'épandre sur les terrains compris dans ce périmètre des engrais humains et d'y forer des puits sans l'autorisation du préfet. L'indemnité qui pourra être due au propriétaire de ces terrains sera déterminée suivant les formes de la loi au 3 mai 1841 sur l'expropriation pour cause d'utilité publique, comme pour les héritages acquis en pleine propriété.

Ces dispositions sont applicables aux puits ou galeries

fournissant de l'eau potable empruntée à une nappe souterraine.

Le droit à l'usage d'une source d'eau potable implique, pour la commune qui la possède, le droit de curer cette source, de la couvrir et de la garantir contre toutes les causes de pollution, mais non celui d'en dévier le cours par des tuyaux ou rigoles. Un règlement d'administration publique déterminera, s'il y a lieu, les conditions dans lesquelles le droit à l'usage pourra s'exercer.

L'acquisition de tout ou partie d'une source d'eau potable par la commune dans laquelle elle est située peut être déclarée d'utilité publique par arrêté préfectoral, quand le débit à acquérir ne dépasse pas deux litres par seconde.

Cet arrêté est pris sur la demande du conseil municipal et l'avis du conseil d'hygiène du département. Il doit être précédé de l'enquête prévue par l'ordonnance du 23 août 1835. L'indemnité d'expropriation est réglée dans les formes prescrites par l'article 16 de la loi du 21 mai 1836.

CHAPITRE II

Mesures sanitaires relatives aux immeubles.

ART. 11. — Dans les agglomérations de 20,000 habitants et au-dessus, aucune habitation ne peut être construite sans un permis du maire constatant que, dans le projet qui lui a été soumis, les conditions de salubrité prescrites par le règlement sanitaire, prévu à l'article 1er, sont observées.

A défaut par le maire de statuer dans le délai de vingt jours, à partir du dépôt à la mairie de la demande de construire dont il sera délivré récépissé, le propriétaire pourra se considérer comme autorisé à commencer les travaux.

L'autorisation de construire peut être donnée par le préfet en cas de refus du maire.

Si l'autorisation n'a pas été demandée ou si les prescriptions du règlement sanitaire n'ont pas été observées, il est dressé procès-verbal. En cas d'inexécution de ces prescriptions, il est procédé conformément aux dispositions de l'article suivant.

Art. 12. — Lorsqu'un immeuble, bâti ou non, attenant ou non à la voie publique, est dangereux pour la santé des occupants ou des voisins, le maire ou, à son défaut, le préfet, invite la commission sanitaire prévue par l'article 20 de la présente loi à donner son avis.

1° Sur l'utilité et la nature des travaux.

2° Sur l'interdiction d'habitation de tout ou partie de l'immeuble jusqu'à ce que les conditions d'insalubrité aient disparu.

Le rapport du maire est déposé au secrétariat de la mairie à la disposition des intéressés.

Les propriétaires, usufruitiers ou usagers sont avisés, au moins quinze jours d'avance, à la diligence du maire et par une lettre recommandée, de la réunion de la commission sanitaire et ils produisent, dans ce délai, leurs observations.

Ils doivent, s'ils en font la demande, être entendus par la commission, en personne ou par mandataire, et ils sont appelés aux visites et constatations de lieux.

En cas d'avis contraire aux propositions du maire, cet avis est transmis au préfet qui saisit, s'il y a lieu, le conseil départemental d'hygiène.

Le préfet avise les intéressés, quinze jours au moins d'avance, par lettre recommandée, de la réunion du conseil départemental d'hygiène et les invite à produire leurs observations dans ce délai. Ils peuvent prendre communication de l'avis de la commission sanitaire, déposé à la préfecture, et se présenter, en personne ou par mandataire, devant le conseil; ils sont appelés aux visites et constatations de lieux.

L'avis de la commission sanitaire ou celui du conseil d'hygiène fixe le délai dans lequel les travaux doivent être exécutés ou dans lequel l'immeuble cessera d'être habité en totalité ou en partie. Ce délai ne commence à courir qu'à partir de l'expiration du délai de recours ouvert aux intéressés par l'article 13 ci-après ou de la notification de la décision définitive intervenue sur le recours.

Dans le cas où l'avis de la commission n'a pas été constaté par le maire, ou, s'il a été constaté, après notification par le préfet de l'avis du conseil départemental d'hygiène, le maire prend un arrêté ordonnant les travaux nécessaires ou portant interdiction d'habiter, et il met le propriétaire en demeure de s'y conformer dans le délai fixé.

L'arrêté portant interdiction d'habiter devra être revêtu de l'approbation du préfet.

Art. 13. — Un recours est ouvert aux intéressés contre l'arrêté du maire, devant le conseil de préfecture, dans le délai d'un mois, à dater de la notification de l'arrêté. Ce recours est suspensif.

Art. 14. — A défaut de recours contre l'arrêté du maire ou si l'arrêté a été maintenu, les intéressés qui n'ont pas exécuté, dans le délai imparti, les travaux jugés nécessaires, sont traduits devant le tribunal de simple police, qui autorise le maire à faire exécuter les travaux d'office, à leurs frais, sans préjudice de l'application de l'article 471, § 15, du Code pénal.

En cas d'interdiction d'habitation, s'il n'y a pas été fait droit, les intéressés sont passibles d'une amende de 16 à 500 francs et traduits devant le tribunal correctionnel, qui autorise le maire à faire expulser, à leurs frais, les occupants de l'immeuble.

Art. 15. — La dépense résultant de l'exécution des travaux est garantie par un privilège sur les revenus de l'immeuble, qui prend rang après les privilèges énoncés aux articles 2101 et 2103 du Code civil.

Art. 16. — Toutes ouvertures pratiquées pour l'exécution des mesures d'assainissement, prescrites en vertu de la présente loi, sont exemptes de la contribution des portes et fenêtres pendant cinq années consécutives, à partir de l'achèvement des travaux.

Art. 17. — Lorsque, par suite de l'exécution de la présente loi, il y aura lieu à la résiliation des baux, cette résiliation n'emportera, en faveur des locataires, aucuns dommages et intérêts.

Art. 18. — Lorsque l'insalubrité est le résultat de causes extérieures et permanentes, ou lorsque les causes d'insalubrité ne peuvent être détruites que par des travaux d'ensemble, la commune peut acquérir, suivant les formes et après l'accomplissement des formalités prescrites par la loi du 3 mai 1841, la totalité des propriétés comprises dans le périmètre des travaux.

Les portions de ces propriétés qui, après assainissement opéré, resteraient en dehors des alignements arrêtés pour les nouvelles constructions, pourront être revendues aux enchères publiques, sans que les anciens propriétaires ou leurs ayants droit puissent demander l'application des articles 60 et 61 de la loi du 3 mai 1841, si les parties restantes ne sont pas d'une étendue ou d'une forme qui permette d'y élever des constructions salubres.

TITRE II

De l'administration sanitaire.

Art. 19. — Si le préfet, pour assurer l'exécution de la présente loi, estime qu'il y a lieu d'organiser un service de contrôle et d'inspection, il ne peut y être procédé qu'en suite d'une délibération du conseil général réglementant les détails et le budget du service.

Dans les villes de 20,000 habitants et au-dessus, et dans les communes d'au moins de 2,000 habitants, qui sont le siège d'un établissement thermal, il sera institué, sous le nom de bureau d'hygiène, un service municipal chargé, sous l'autorité du maire, de l'application des dispositions de la présente loi.

Art. 20. — Dans chaque département, le conseil général, après avis du conseil d'hygiène départemental, délibère, dans les conditions prévues par l'article 48, § 5, de la loi du 10 août 1871, sur l'organisation du service de l'hygiène publique dans le département, notamment sur la division du département en circonscriptions sanitaires et pourvues chacune d'une commission sanitaire, sur la composition, le mode de fonctionnement, la publication des travaux et les dépenses du conseil départemental et des commissions sanitaires.

A défaut par le conseil général de statuer, il y sera pourvu par un décret en forme de règlement d'administration publique.

Le conseil d'hygiène départemental se composera de dix membres au moins et de quinze au plus. Il comprendra nécessairement deux conseillers généraux, élus par leurs collègues, trois médecins, dont un de l'armée de terre ou de mer, un pharmacien, l'ingénieur en chef, un architecte et un vétérinaire.

Le préfet présidera le conseil, qui nommera dans son sein, pour deux ans, un vice-président et un secrétaire chargé de rédiger les délibérations du conseil.

Chaque commission sanitaire de circonscription sera composée de cinq membres au moins et de sept au plus, pris dans la circonscription. Elle comprendra nécessairement un conseiller général, élu par ses collègues, un médecin, un architecte ou tout autre homme de l'art, et un vétérinaire.

Le sous-préfet présidera la commission, qui nommera dans son sein, pour deux ans, un vice-président et un secrétaire chargé de rédiger les délibérations de la commission.

Les membres des conseils d'hygiène et ceux des commissions sanitaires, à l'exception des conseillers généraux qui sont élus par leurs collègues, sont nommés par le préfet pour quatre ans et renouvelés par moitié tous les deux ans; les membres sortants peuvent être renommés.

Les conseils départementaux d'hygiène et les commissions sanitaires ne peuvent donner leur avis sur les objets qui leur sont soumis en vertu de la présente loi que si les deux tiers au moins de leurs membres sont présents. Ils peuvent recourir à toutes mesures d'instruction qu'ils jugent convenables.

Art. 21. — Les conseils d'hygiène départementaux

et les commissions sanitaires doivent être consultés sur les objets énumérés à l'article 9 du décret du 18 décembre 1848, sur l'alimentation en eau potable des agglomérations, sur la statistique démographique et la géographie médicale, sur les règlements sanitaires communaux et généralement sur toutes les questions intéressant la santé publique, dans les limites de leurs circonscriptions respectives.

Art. 22. — Le préfet de la Seine a dans ses attributions, à Paris, tout ce qui concerne la salubrité des habitations et de leurs dépendances, sauf celle des logements loués en garni, la salubrité des voies privées closes ou non à leurs extrémités, le captage et la distribution des eaux, le service de désinfection, de vaccination et du transport des malades. Pour la désinfection et le transport des malades, il donnera suite, le cas échéant, aux demandes qui lui seraient adressées par le préfet de police.

Il nomme une commission des logements insalubres, composée de trente membres, dont quinze sur la désignation du conseil municipal de Paris. Par mesure transitoire, à chaque renouvellement par tiers de la commission qui fonctionne actuellement, le préfet nomme dix membres, dont cinq à la désignation du conseil municipal.

Art. 23. — Le préfet de police a dans ses attributions :

Les précautions à prendre pour prévenir ou faire cesser les maladies transmissibles visées par l'article 4 de la loi, spécialement la réception des déclarations; les contraventions relatives à l'obligation de la vaccination et de la revaccination; la surveillance au point de vue sanitaire des logements loués en garni.

Il continuera à assurer la protection des enfants du premier âge, la police sanitaire des animaux, la police de la médecine et de la pharmacie, l'application des lois et règlements concernant la vente et la mise en vente de denrées alimentaires falsifiées ou corrompues, le fonctionnement du laboratoire municipal de chimie, la réglementation des établissements classés comme dangereux, insalubres ou incommodes, tant à Paris que dans les communes du ressort de la préfecture de police.

Le préfet de police sera assisté par le conseil d'hygiène et de salubrité de la Seine dont la composition actuelle est maintenue, savoir :

Le préfet de police, président;

Un vice-président et un secrétaire, nommés annuellement par le préfet de police sur la présentation du conseil d'hygiène;

Vingt-quatre membres titulaires nommés par le Ministre de l'intérieur, sur la proposition du préfet de police et la présentation du conseil d'hygiène;

Trois membres du conseil général de la Seine, élus par leurs collègues;

Quinze membres à raison de leurs fonctions; le doyen de la faculté de médecine, le professeur d'hygiène de la faculté de médecine, le professeur de médecine légale de la faculté de médecine, le directeur de l'école supérieure de pharmacie de Paris, le président du comité technique de santé des armées, le directeur du service de santé du gouvernement militaire de Paris, l'ingénieur en chef du service des eaux et de l'assainissement, l'inspecteur général de l'assainissement et de l'habitation, le secrétaire général de la préfecture de police, l'ingénieur en chef des mines chargé du service des appareils à vapeur de la Seine, l'ingénieur en chef des ponts et chaussées chargé du service ordinaire du département, le chef de la 2e division de la préfecture de police, l'architecte en chef de la préfecture de police, le chef du service sanitaire vétérinaire de la Seine et le chef de bureau de l'hygiène à la préfecture de police.

Le conseil d'hygiène et de salubrité de la Seine remplira les attributions données au conseil départemental d'hygiène par la présente loi, dans l'étendue du ressort de la préfecture de police.

Les commissions d'hygiène, instituées à Paris et dans le ressort de la préfecture de police, continueront à exercer leurs fonctions sous l'autorité du préfet de police, dans les conditions indiquées par les décrets des 16 décembre 1851, 7 juillet 1880 et 26 décembre 1893, et elles auront les attributions données aux commissions sanitaires de circonscriptions par la présente loi.

Le préfet de police continuera à appliquer dans les communes ressortissant à sa juridiction les attributions de police sanitaire dont il est actuellement investi.

Art. 24. — Dans les communes du département de la Seine autres que Paris, le maire exerce les attributions sanitaires sous l'autorité soit du préfet de la Seine, soit du préfet de police, suivant les distinctions faites dans les deux articles suivants.

Art. 25. — Le comité consultatif d'hygiène publique de France délibère sur toutes les questions intéressant l'hygiène publique, l'exercice de la médecine et de la pharmacie, les conditions d'exploitation ou de vente des eaux minérales, sur lesquelles il est consulté par le Gouvernement.

Il est nécessairement consulté sur les travaux publics d'assainissement ou d'amenée d'eau d'alimentation des villes de plus 5,000 habitants et sur le classement des établissements insalubres, dangereux ou incommodes.

Il est spécialement chargé du contrôle de la surveillance des eaux captées en dehors des limites de leur département respectif, pour l'alimentation des villes.

Le comité consultatif d'hygiène publique de France est composé de quarante-cinq membres :

Sont membres de droit : le directeur de l'assistance et de l'hygiène publiques au Ministère de l'intérieur ; l'inspecteur général des services sanitaires ; l'inpecteur général adjoint des services sanitaires ; l'architecte inspecteur des services sanitaires ; le directeur de l'administration départementale et communale au Ministère de l'intérieur ; le directeur des consulats et des affaires commerciales au ministère des affaires étrangères ; le directeur général des douanes ; le directeur des chemins de fer au Ministère des travaux publics ; le directeur du travail au Ministère du commerce, des postes et des télégraphes ; le directeur de l'enseignement primaire au Ministère de l'instruction publique; le président du comité technique de santé de l'armée; le directeur du service de santé de l'armée; le président du conseil supérieur de santé de la marine; le président du conseil supérieur de santé au Ministère des colonies; le directeur des domaines au Ministère des finances; le doyen de la faculté de médecine de Paris; le directeur de l'école de pharmacie de Paris; le président de la chambre de commerce de Paris; le directeur de l'administration générale de l'assistance publique à Paris; le vice-président du conseil d'hygiène et de salubrité du département de la Seine; l'inspecteur général du service d'assainissement de l'habitation de la préfecture de la Seine; le vice-président du conseil de surveillance de l'assistance publique de Paris; l'inspecteur général des écoles vétérinaires; le directeur de la Carte géologique de France.

Six membres seront nommés par le Ministre sur une liste triple de présentation dressée par l'académie des sciences, l'académie de médecine, le Conseil d'État, la cour de cassation, le conseil supérieur du travail, le conseil supérieur de l'assistance publique de France.

Quinze membres seront désignés par le Ministre parmi les médecins, hygiénistes, ingénieurs, chimistes, légistes, etc.

Un décret d'administration publique réglementera le fonctionnement du comité consultatif d'hygiène publique de France, la nomination des auditeurs et la constitution d'une section permanente.

TITRE III

Dépenses.

Art. 26. — Les dépenses rendues nécessaires par la présente loi, notamment celles causées par la destruction des objets mobiliers, sont obligatoires. En cas de contestation sur leur nécessité, il est statué par décret rendu en Conseil d'État.

Ces dépenses seront réparties entre les communes, les

départements et l'État, suivant les règles fixées par les articles 27, 28 et 29 de la loi du 15 juillet 1893.

Toutefois, les dépenses d'organisation du service de la désinfection dans les villes de 20,000 habitants et au-dessus sont supportées par les villes et par l'État, dans les proportions établies au barème du tableau A, annexé à la loi du 15 juillet 1893. Les dépenses d'organisation du service departemental de la désinfection sont supportées par les départements et par l'État, dans les proportions établies au barème du tableau B.

Des taxes seront établies par un règlement d'administration publique pour le remboursement des dépenses relatives à ce service.

A défaut par les villes et les départements d'organiser le service de la désinfection et les bureaux d'hygiène et d'en assurer le fonctionnement dans l'année qui suivra la mise à exécution de la présente loi, il y sera pourvu par des décrets en forme de règlements d'administration publique.

TITRE IV

Pénalités.

Art. 27. — Sera puni de peines portées à l'article 471 du Code pénal quiconque, en dehors des cas prévus par l'article 21 de la loi du 30 novembre 1892, aura commis une contravention aux prescriptions des règlements sanitaires prévus aux articles 1 et 2, ainsi qu'à celles des articles 5, 6, 7, 8 et 14.

Celui qui aura construit une habitation sans le permis du maire sera puni d'une amende de 16 à 500 francs.

. . . .

TITRE V

Dispositions diverses.

Art. 31. — La loi du 13 avril 1850 est abrogée, ainsi que toutes les dispositions et les lois antérieures, contraires à la présente loi.

LE SYSTÈME DES RELAIS

A Roubaix et à Tourcoing le matin l'usine est ouverte avant 4 heures et le soir on prolonge le travail jusqu'à 11 heures, souvent minuit et même plus tard. « Les ouvrières travaillent alors 19 heures. Il est impossible de découvrir cette fraude : j'ai tout fait pour y parvenir, j'ai toujours échoué. A peine suis-je dans l'établissement que les ouvrières sont instantanément prévenues dans tous les ateliers, et quelque diligence que je fasse, les ouvrières délinquantes ont quitté l'atelier avant mon arrivée. Je questionnais parfois plus de 50 ouvrières, femmes ou filles, dans le même atelier où il m'est arrivé de passer plus de deux heures, je ne pouvais obtenir d'elles aucun renseignement. La crainte d'un renvoi, une crainte que je lisais sur leur visage, leur clouait la langue ; si, pressées de questions, un demi-aveu leur échappait, elles se rétractaient aussitôt. Je me suis rendu, à minuit, dans cette usine, distante de 7 kilomètres de chez moi, et je dois à un heureux hasard d'avoir pu pénétrer dans les ateliers sans être signalé. Mais mon arrivée avait été prévue ; les ouvriers, qui avaient reçu des ordres, se sont enfuis par toutes les issues, les lumières se sont éteintes pendant un instant pour favoriser leur fuite, de sorte que sur 250 ouvriers qui travaillaient ce soir-là à minuit, je n'ai réussi à en connaître qu'une cinquantaine ».

Il en est de même dans le cas suivant : « les industriels voulant obtenir une production correspondante à douze heures de marche malgré l'emploi de femmes comme rattacheuses de fils, ont organisé aux heures du déjeuner et du goûter un système de roulement qui permet à chacune d'elles d'aller prendre successivement son repas. Qu'arrive-t-il alors, dit l'inspecteur de la 3e section ? C'est qu'aucun signal n'indiquant aux ouvrières le commencement et la fin des repos, celle-ci prennent leurs petits repas quand il leur plaît, se contentent d'un repos de dix minutes ou d'un quart d'heure et arrivent ainsi à travailler onze heures et demie ; elles y gagnent elles-mêmes puisqu'elles sont payées d'après le poids du fil retordu. Dans les ateliers où l'équipe demeure complète pendant douze heures, les rattacheuses sont successivement remplacées pendant le déjeuner et le goûter par des ouvrières dites *voyageuses*, généralement empruntées à l'atelier de dévidage. On comprend ainsi comment le contrôle devient illusoire. Il faut, dit encore l'inspecteur de la même section, exiger l'affichage des noms des ouvrières qui composent cette équipe volante, puis l'indication, sur un horaire spécial, des heures auxquelles elles déjeunent et goûtent elles-mêmes, ensuite faire dresser un tableau qui permette de les suivre, d'équipe en équipe, pendant ces heures de repas et de connaître le nom de l'ouvrière qu'elles remplacent à un moment donné. Comment, ajoute encore cet inspecteur, suivre une ouvrière dans ce dédale et quel contrôle peut-on exercer ? A peine l'inspecteur sera-t-il dans l'établissement que les ouvrières prévenues seront à leur poste et il sera impossible de trouver trace des contraventions qui pourtant se commettent continuellement ». (Rapports 1898).

CIRCULAIRE
DE M. MILLERAND, MINISTRE DU COMMERCE
AUX INSPECTEURS DU TRAVAIL (1900)

MONSIEUR L'INSPECTEUR DIVISIONNAIRE,

« Des réponses qui ont été faites par les inspecteurs du travail au questionnaire joint à ma circulaire du 28 novembre 1899, il ressort que jusqu'à ce jour le service de l'inspection a été presque complètement privé du concours des travailleurs.

L'ouvrier ne se rend pour ainsi dire jamais chez l'inspecteur; il lui écrit rarement. A l'atelier, pendant la visite, il ne lui adresse presque jamais la parole de lui-même; quand il est interrogé, il répond souvent d'une manière évasive; il arrive fréquemment, d'ailleurs, que l'inspecteur ne l'interroge pas, dans la crainte des suites que ce dialoguepourrait avoir avec l'ouvrier. Cependant, si la découverte des infractions à la loi ne doit pas être abandonnée, pour la plus large part, au hasard de rencontres heureuses; si elle doit être le résultat d'une préparation méthodique et sûre, ce ne peut être que grâce à l'aide des travailleurs, qui sont à toute heure les témoins de ces infractions. Le service de l'inspection ne peut être en mesure d'assurer pleinement l'application des lois sur le travail que par la collaboration des travailleurs pour qui elles ont été faites.

On obtiendra cette collaboration, en s'adressant aux syndicats professionnels d'ouvriers. Ce que l'inspecteur n'aurait pu que difficilement apprendre, à l'atelier, du travailleur isolé, il l'apprendra sans peine au syndicat de la bouche du secrétaire instruit, par les ouvriers de sa corporation, des abus qui se seront passés sous leurs yeux.

Il importe donc que des relations suivies s'établissent entre les représentants des syndicats auxquels les ouvriers ont confié la défense de leurs intérêts, et les Inspecteurs à qui l'État a confié la mission de faire respecter les lois de protection ouvrière.

LES ASSOCIATIONS POUR LA PROTECTION OUVRIÈRE

Association internationale pour la protection légale des travailleurs

Statuts

Article premier. — Il est formé une *Association internationale pour la protection légale des travailleurs.*

Le siège de l'Association est en Suisse.

Art. 2. — Cette association a pour but :

I. De servir de lien entre ceux qui, dans les différents pays industriels, considèrent la législation protectrice des travailleurs comme nécessaire;

II. D'organiser un *Office international du travail* qui aura pour mission :

1° De publier en français, en allemand et en anglais *un recueil périodique de la législation du travail dans tous les pays* ou de prêter son concours à une publication semblable.

Ce recueil comprendra :

a) Le texte ou le résumé de toutes les lois, règlements et arrêtés en vigueur relatifs à la protection légale des ouvriers en général et notamment au travail des enfants et des femmes, à la limitation des heures de travail des ouvriers mâles et adultes, au repos du dimanche ou repos périodique, aux industries dangereuses.

b) Un exposé historique relatif à ces lois et règlements;

c) Le résumé des rapports et documents officiels concernant l'interprétation et l'exécution de ces lois et arrêtés;

d) Des informations ainsi qu'une bibliographie complète sur les projets et études relatifs à ces objets.

2° De faciliter l'étude de la législation du travail dans

les divers pays et, en particulier, de fournir aux membres de l'association des enseignements sur les législations en vigueur et leur application dans les divers États;

3° De favoriser, par la préparation de mémoires ou autrement, l'étude de la question de la concordance des diverses législations protectrices des ouvriers, ainsi que celle d'une statistique internationale du travail;

4° De provoquer la réunion de Congrès internationaux de législation du travail;

Art. 3. — L'Association se compose de toutes les personnes et des Sociétés (autres que les sections nationales) qui adhèrent au but de l'association tel qu'il est indiqué aux articles 1 et 2 et qui versent au trésorier une cotisation annuelle de dix francs.

Art. 4. — Tout membre qui, au bout d'un an, aura négligé ou refusé d'acquitter sa cotisation, sera considéré comme démissionnaire.

Art. 5. — Les membres ont droit aux publications éventuelles de l'association.

Ils ont également le droit de recevoir gratuitement du Bureau de renseignements qui pourra être institué, et conformément à son règlement spécial, les indications rentrant dans la compétence de ce bureau.

Art. 6. — L'Association est dirigée par un Comité composé de membres appartenant aux divers États admis à y avoir une représentation.

Art. 7. — Tout État sera représenté au sein du Comité par six membres dès que cinquante de ses citoyens auront adhéré à l'Association.

Au delà de ce nombre, chaque groupe nouveau de cinquante adhérents donnera droit à un siège de plus, sans que le nombre total de membres du Comité d'un même État puisse dépasser dix.

Les Gouvernements seront invités à désigner chacun un délégué qui aura, au sein du Comité, les mêmes droits que les autres membres.

Art. 8. — La durée du mandat des membres du Comité n'est pas limitée et le Comité se recrute par cooptation, sauf le cas prévu par l'article 14.

L'élection de nouveaux membres du Comité en remplacement des membres démissionnaires ou décédés se fera sur la proposition des membres appartenant respectivement aux États ayant droit à des représentants.

Le vote a lieu au scrutin secret dans une réunion du Comité dont la convocation contient l'indication des candidats présentés. Les membres n'assistant pas à cette réunion peuvent envoyer au président leur vote sous pli cacheté.

Art. 9. — Le Comité est compétent pour prendre toutes les résolutions utiles à l'accomplissement du but de l'association.

Il se réunit en Assemblée générale au moins une fois tous les deux ans.

Il peut être convoqué par le Bureau, chaque fois que celui-ci le juge nécessaire ou quand quinze membres du Comité au moins le demandent.

Le choix du lieu de la réunion résulte de la consultation par écrit de tous les membres du Comité, faite par le secrétaire général dans les délais fixés par le Bureau.

Art. 10. — Le comité élit dans son sein pour deux ans un bureau composé d'un président, d'un vice-président et d'un secrétaire général.

Le Comité nomme également le trésorier de l'Association.

Art. 11. — Le bureau a pour mission de prendre les mesures nécessaires pour l'exécution des résolutions du Comité.

Il gère les fonds de l'association.

Il fait chaque année un rapport au Comité sur sa gestion et ses opérations.

Il nomme les employés et autres personnes nécessaires au service de l'association.

Il se met en rapport, dans tous les États industriels, avec des spécialistes et des hommes compétents, disposés à fournir des renseignements sur les lois du travail et leur application. Ces personnes pourront recevoir le titre de *correspondants* de l'association.

Art. 12. — Le secrétaire général a la direction de la

correspondance de l'Association, du Comité et du bureau ainsi que des publications et du service des renseignements.

ART. 13. — Le trésorier perçoit les cotisations, et a la garde des fonds. Il ne fait de payment que sur le visa du président.

ART. 14. — Une section nationale de l'Association pourra se former dans un pays, à la condition de compter au moins 50 personnes et verser à la Caisse de l'association une contribution minima de mille francs. Les statuts de cette section devront être approuvés par le Comité.

Cette section aura le droit de pourvoir aux vacances qui se produiront parmi les représentants de son pays au sein du Comité.

Les membres d'une section nationale auront les mêmes droits que ceux de l'association, sous réserves que les publications à lui fournir par l'association, ainsi que sa représentation au sein du Comité seront proportionnels à sa contribution annuelle.

ART. 15. — Les présents statuts ne pourront être revisés en tout ou en partie que dans une assemblée du Comité, à la majorité des deux tiers des voix des membres présents, et quand la proposition de revision aura été insérée dans la convocation.

LA LIGUE DE CONSOMMATEURS

Une ligue de consommateurs français a été créée par Mme Jean Brunhes (27 décembre 1902) d'après les principes suivants de la Ligue des consommateurs des États-Unis créée en 1900, à New-York.

« 1° Il est dans l'intérêt de la communauté que tous les travailleurs reçoivent, non le salaire le plus bas, mais un salaire qui leur permette de vivre bien.

2° Le consommateur est donc tenu de rechercher dans quelles conditions sont fabriqués les articles qu'il achète, et d'exiger que ces conditions soient au moins morales et permettent au travailleur de vivre convenablement.

3° Le devoir revient principalement aux consommateurs qui usent des articles fabriqués par des femmes, étant donné qu'il n'est pas de minimum au-dessous duquel le salaire des femmes ne puisse être abaissé.

Salaires : — Une bonne maison est celle où l'on observe le principe : à travail égal, salaire égal, sans distinction de sexe. Où dans le département des femmes le minimum de salaire est de 6 dollars par semaine pour les adultes expérimentés, et ne tombe que rarement au-dessous de 8 dollars.

Où le paiement est fait à la semaine . . . .

Heures du travail.

Une bonne maison est celle : où la journée de travail dure de 8 h. du matin à 6 h. du soir (avec 3/4 d'heure pour le déjeuner de midi). Où une demi-journée de vacance est donnée un jour par semaine durant au moins 2 mois de l'été.

Où les heures de travail supplémentaire sont payées.

Conditions d'hygiène.

Les pièces destinées aux repas, au travail et au repos y sont séparées et conformes aux lois sur l'hygiène.

La loi des sièges y est observée,

En 1898, 40 magasins de New-York réalisaient ces conditions.

L'ENSEIGNEMENT TECHNIQUE

Programme des cours des écoles pratiques d'industrie de jeunes filles

MODISTES

(*Revision des exercices de 2e année.*)

COMPOSITION DÉCORATIVE APPLIQUÉE

Étude et groupement des garnitures, fleurs, fruits, plumes, oiseaux, feuillages, aigrettes, nœuds, etc. (motifs dessinés et peints à l'aquarelle);

Dessin de formes de chapeaux non garnies et garnies;

Composition de chapeaux et coiffures;

Appropriation de la coiffure à la forme de la tête, à a disposition de la chevelure, à l'âge et au caractère des personnes;

Étude de quelques coiffures antiques et d'autres, datant de la fin du dernier siècle; remarque sur leur rapport avec *le costume de l'époque*; Pays-Bas, Russie, Arles, Bretagne, etc.;

Nombreux exercices sur l'assemblage des couleurs. Exercices d'arrangement, combinaisons figurés à l'aquarelle. *Harmonie de la coiffure et du costume.*

Note. On consultera pour ce cours des gravures répresentant des costumes modernes et des costumes nationaux ou historiques.

COUTURIÈRES

(*Revision des exercices de 2e année.*)

COMPOSITION DECORATIVE APPLIQUÉE

Aperçu rapide de l'histoire du costume; étude de figures drapées de l'Égypte, de la Grèce, de l'Italie, et de notre art national; indication des proportions du corps humain;

Étude des transformations qu'une même forme de vêtement a subies, par exemple, dans l'espace d'un siècle; exagération, puis atténuation de la même forme jusqu'à son complet abandon; quelques croquis;

Des formes de vêtement qui ont été le plus rarement délaissées : veste, polonaise, tunique, collet, jupe longue ou drapée, corsage ajusté à ceinture ronde ou à pointe. Croquis;

Croquis de costumes, d'après nature, sur des personnes, ou, à défaut, sur des mannequins;

Croquis, de mémoire, de costumes vus, soit au dehors, soit dans des magasins, soit dans des musées;

Étude de la disposition des garnitures les plus usitées, soient qu'elles relèvent du travail de la couturière (plissés, ruches, biais, etc.) soit qu'elles proviennent d'autres industries (passementeries, dentelles, broderies, etc.). Croquis;

Étude d'étoffes drapées, caractères des plis, selon les différentes étoffes;

Composition de costumes; indication des couleurs. Harmonie du costume et de la coiffure (croquis, aquarelle);

Transformation, indiquée par un croquis, d'un ancien costume en costume moderne et réciproquement;

Aperçu des qualités et des défauts du costume contemporain. Modifications désirables, tant au point de vue artistique, qu'en ce qui intéresse l'hygiène. Croquis.

Nota. On consultera pour ces exercices des gravures représentant des costumes modernes et des costumes historiques.

(Pub. du Ministère du commerce. Programme-type. Imprimerie Nationale, 1904).

SALAIRE DES OUVRIÈRES FORMÉES PAR LES ÉCOLES PROFESSIONNELLES A LA SORTIE DE L'ÉCOLE

(*Quelques exemples.*)

A Nantes, le gain des élèves des écoles professionnelles est toujours lorsqu'elles débutent de 2 fr. 50 environ, les couturières et repasseuses gagnent 1 fr. 25.

A Saint-Étienne, au début l'ouvrière ne reçoit que 0 fr.50 à 1 fr. par jour, puis de 25 à 30 fr. par mois.

A Paris, en 1900, voici quels étaient les salaires de jeunes filles sorties en 1895 de l'école Jacquard, rue Bossuet (sur 25 élève 7 travaillaient chez elles).

3 gagnaient par jour . . . . 2 fr.
3 — — — . . . . 2 fr. 50
4 — — — . . . . 3 fr.
1 — — — . . . . 3 fr. 20
1 — — — . . . . 3 fr. 50
1 — — — . . . . 4 fr.

Sur 38 élèves sorties en juillet 1899 de l'école de la rue de la Tombe-Issoire, 9 travaillaient chez elles en janvier 1900.

2 faisaient une 4e année à l'école.

1 gagnait par jour . . . . 1 fr.
5 — — — . . . . 1 fr. 50
5 — — — . . . . 1 fr. 75
10 — — — . . . . 2 fr.
2 — — — . . . . 2 fr. 50
1 — — — . . . . 2 fr. 75
1 — — — . . . . 3 fr.
2 — — — . . . . 3 fr. 75

PRINCIPAUX OUVRAGES CONSULTÉS

1° STATISTIQUES ET DOCUMENTS.

Annuaire des Syndicats professionnels, 1904-1905.
Associations ouvrières de production, 1896.
Associations professionnelles ouvrières, 1899-1904.
Avant-projet de loi sur l'enseignement technique, 1904.
Congrès des allumettiers et allumettières, 1894 (brochure).
Congrès de l'association pour la protection légale des travailleurs (Les).
Congrès d'hygiène ouvrière, 1894. (Lyon).
Congrès de la tuberculose, 1905.
Enquête sur l'État de l'Industrie textile et la condition des ouvriers tisseurs, 1906.
L'Enseignement technique en France, 1900.
Les Poisons industriels, 1901.
Le travail de nuit des femmes (Mémoire de l'Association pour la protection légale des travailleurs).
Œuvres et institutions féminines, 1902.
Rapports du Conseil municipal de Paris sur l'Enseignement professionnel de jeunes filles, 1905.
Rapport sur l'Enseignement professionnel. Enquêtes et documents, 1901.
Rapport Engerand sur l'industrie dentellière, 1903.
Rapports sur l'application des lois réglementant le travail. (Rapports des Inspecteurs du travail), collection 1893-1905.
Résultats statistiques du recensement général de la population effectué en 1901. — 1904-1906.
Retraites de vieillesse et d'invalidité par Ch. Gueysse, 1904.
Statistique pénitentiaire pour l'année 1903. — 1905.

2° OUVRAGES GÉNÉRAUX.

AFTALION. — *Le développement de la fabrique et le travail à domicile dans l'industrie du vêtement*, 1906.
AUDIGANNE. — *Les populations ouvrières et les industries de la France*, 1860.
BEBEL. — *La femme et le socialisme*. Traduction française par H. Ravé, 1891.
CH. BENOIST. — *L'organisation du travail*, 1905.
LÉON BLUM. — *Les congrès ouvriers et socialistes français*, 1901.

Léon et Maurice Bonneff. — *Les métiers qui tuent*, 1806.
Charlety. — *Le Saint-simonisme*, 1896.
D'Haussonville. — *Misères et remèdes*, 1888.
A. de Mada. — *Le droit des femmes au travail*, 1904.
Dubief. — *A travers la législation du travail*, 1905.
P. Du Maroussem. — *Le Vêtement à Paris*, 1896.
J. Fouqué. — *La crise de l'apprentissage*, 1900.
Gibbon. — *Employées et ouvrières*, 1906.
Gide. — *Traité d'Economie politique*, 1894.
Lavy. — *Un ministre socialiste. L'œuvre de Millerand*, 1900.
Levasseur. — *Histoire des classes ouvrières en France*. 2e édit., 1900.
Paul Louis. — *L'ouvrier devant l'Etat*, (Paris, F. Alcan 1904.
Paul Pic. — *La législation du travail industriel*, 1894.
John Rae. — *La journée de 8 heures*, 1900.
Max Turmann. — *Le catholicisme social*, (Paris, F. Alcan), 1900.
Villermé. — *Etat physique et moral de la classe ouvrière*, 1840.
G. Weill. — *Histoire du mouvement social, en France*, (Paris, F. Alcan), 1904.
Catherine Webb. — *Le fonctionnement du mouvement cooperatif en France*.
Mme Sidney Webb. — *La coopération en Grande-Bretagne*, 1904 (traduction française).

3° ouvrages spéciaux

Charles Benoist. — *Les ouvrières de l'aiguille à Paris*, 1895.
Bonnevay. — *Les ouvrières à domicile dans l'industrie lyonnaise*, 1896.
Engerand. — *La dentelle en Normandie*, 1900.
Gonnart. — *La femme dans l'industrie*, 1906.
Poisson. — *Le salaire des femmes*, 1907.
Rivière. — *Le travail des femmes dans l'industrie typographique*, 1898 (brochure).
K. Schirmacher. — *Le travail des femmes en France*, 1902.
J. Simon. — *L'ouvrière* 9e édit. 1891.
Verhaegen. — *L'industrie dentellière en Belgique*, 1902.

4° périodiques français

Bulletin de l'office du travail, février 1905.
Bulletin de l'inspection du travail nos 1 et 2, 1900.
Journal Officiel (Interpellation Breton), mars-avril 1905.
Revue Bleue. — L'ouvrière en chambre, G. Cahen juin, 1906.

Revue d'Economie politique. — Les origines de la protection de l'ouvrière, 1895-1896.
Revue de morale sociale. — Le mouvement syndical en France, Marie Bonnevial, septembre 1901.
Revue des Revues. — Le Sweating-system en France, Dr Romme, septembre 1905.

5° DOCUMENTS. — OUVRAGES PÉRIODIQUES ÉTRANGERS.

Report of the Chief Inspector of factories, workrooms and shops, Melbourne 1903-1904.
Technical education for girls at home and abroad (1905) publication de The Women's Industrial Council (brochure).
The case for the factory acts. — Édité par Mme Webb.
Women in the printing trades, by J. Ramsay Macdonald, 1903.
The art Journal, 1896 (English Lace industry).
Pall Mall Magazine, 1897. (Honiton Lace).
The Women's Trades Union Review (revue périodique).
The Women's Industrial News (revue périodique).
Correspondenzblatt der generalkommission der gewerkschaften Deutschlands du 4 août 1906.

TABLE DES MATIÈRES

PREMIÈRE PARTIE

L'OUVRIÈRE AU TRAVAIL

CHAPITRE I

CHAPITRE II

CHAPITRE III

DEUXIÈME PARTIE

L'ŒUVRE DE LA TROISIÈME RÉPUBLIQUE

CHAPITRE IV

CHAPITRE V

CHAPITRE IV

CHAPITRE VII

CHAPITRE VIII

TROISIÈME PARTIE

LE PROGRAMME DE RÉFORMES

CHAPITRE IX

CHAPITRE X

PIÈCES ANNEXES

Paris. — Typ. Ph. Renouard, 19, rue des Saint Pères. — 529

Documents manquants (pages, cahiers...)
NF Z 43-120-13

www.ingramcontent.com/pod-product-compliance
Ingram Content Group UK Ltd.
Pitfield, Milton Keynes, MK11 3LW, UK
UKHW012211240726
13966UKWH00002B/697

9 782012 921825